VIVRE EN ACCORD PARFAIT AVEC LES LOIS DE L'UNIVERS

DU MEME AUTEUR

- La Vibration Originelle : Exprimez votre plein potentiel en accord parfait avec votre âme
- 7 secrets cachés sur la loi de l'attraction
- La Loi d'Attraction : Les réponses à toutes vos questions

RETROUVEZ DORIAN VALLET SUR

- https://www.dorianvallet.fr/
- https://terrecristalline.fr/
- https://lecerclecristal.fr/

Version du livre remise à jour en Septembre 2019

ISBN : 979-10-96860-02-9

VIVRE EN ACCORD PARFAIT AVEC LES LOIS UNIVERSELLES

Les Lois Universelles nous régissent sur un plan spirituel et énergétique. Nous connaissons bien les lois physiques qui ne font pas de cadeau si on les transgresse. La gravitation, l'électromagnétisme et les interactions faibles et fortes semblent diriger notre réalité physique. Toutefois, la physique quantique a permis de mettre en relief que ces lois n'ont plus le même impact si on change de contexte, par exemple à l'échelle de l'infiniment petit. Nous savons dans notre réalité devoir faire attention à ne pas tomber, chuter avec le risque de se blesser du fait de l'attraction terrestre. Ce que l'on sait moins, c'est qu'il en est de même avec les lois spirituelles que l'on transgresse sans cesse par ignorance et qui nous en font payer le prix. En réalité, elles n'existent que pour nous aider à évoluer et à vivre dans l'Harmonie comme vous aurez l'opportunité de le comprendre tout au long de cet ouvrage. Elles mettent régulièrement en lumière ce que l'on a pu mal faire afin que l'on en prenne conscience et que l'on puisse comprendre et adopter des comportements en accord parfait avec ces lois.

Toutes ces lois sont sujettes à interprétations. Il existe énormément de courants différents, utilisant des termes différents pour nous apprendre à vivre en accord avec les principes universels. J'ai étudié beaucoup de philosophies et de principes hermétiques de différents courants afin d'arriver à une compréhension fluide de tout cela. Mon intention à travers ce livre est d'apporter un contenu très digeste pour une personne qui a grandi sans conscience de toutes ces lois. Nous verrons 13 lois spirituelles ainsi que leur application pratique dans la vie de tous les jours. Je vous montrerai à travers toutes ces lignes comment vous transgressez la plupart de ces lois chaque jour et comment tendre vers l'Harmonie. Vous aurez à la fin de chaque loi tout ce qu'il y a à savoir pour que vous les respectiez dans votre quotidien et que vous puissiez sublimer votre vie sur tous les plans.

D'une façon générale, les lois physiques nous enseignent comme l'Homme doit vivre sur Terre. Les lois morales nous enseignent comment l'Homme doit vivre en son âme. Les lois spirituelles nous enseignent comment l'Homme doit vivre en tant qu'être lumineux.

Le chemin sur lequel vous vous embarquez aujourd'hui vous donnera peut-être l'impression, comme dans les histoires d'aventuriers, d'entrer dans le château à conquérir, de fouiller chaque recoin du château pour vous rendre compte que la salle au trésor était en face de la porte d'entrée... Je sais d'ores et déjà que vous êtes la meilleure personne au meilleur moment et au meilleur endroit pour découvrir toutes ces belles pépites que je vous partage aujourd'hui. La Connaissance libère et vous libèrera. Il existe ce mythe de l'imbécile heureux. On peut être heureux sans connaissance en vivant sa petite vie tranquille. Mais l'Univers va toujours nous permettre d'évoluer et nous présenter de nouvelles situations auxquelles il nous faudra faire face. Sans connaissance, l'ignorant peut sombrer rapidement. La Connaissance de ces lois et de leur application pratique dans votre quotidien vous apportera une Légèreté sans précédent. Vous ne pourrez plus accuser l'extérieur et révèlerez votre pouvoir personnel comme jamais. Vous allez prendre conscience à quel point vous êtes un créateur au potentiel illimité et que tout ce que vous vivez aujourd'hui est issu de votre propre création, que vous en soyez conscient ou non. Préparez-vous à un voyage qui vous transformera à jamais car c'est bien mon intention à travers ces lignes. Certaines personnes ont pour habitude de dire aux personnes qu'elles aiment « *surtout, reste comme tu es.* ». C'est pourtant impossible dans un Univers qui est mouvement permanent et dont la seule constante est l'impermanence. Je vous Aime parce que nous sommes Un et je vous souhaite profondément de changer, de ne jamais rester la même personne, de retrouver votre aspect divin et spirituel. Cela vous permettra de vous affirmer plus que jamais dans cette réalité physique, pour votre plus grand bien et le plus grand bonheur de toutes celles et ceux qui vous entourent. Je vous emmène avec moi dans un voyage qui vous transformera à jamais. Vous pourrez être détaché des événements que vous vivez et vivre dans une Paix sans précédent. Vous existez pour une bonne raison et vous allez désormais pouvoir sublimer votre vie avec la plus essentielle des connaissances. Puissiez-vous faire briller votre belle Lumière et la Rayonner tout autour de vous.

CE QUI VOUS ATTEND DANS CE LIVRE

LA LOI DE L'UNITE

« *La Terre, la Lune, les étoiles et le soleil gravitent à l'intérieur de moi* »

Swami Muktananda

La loi de l'Unité est de loin la plus importante toute. Je vous invite à vous déposer en vous-même, à vous centrer, afin que les mots qui suivent ne se heurtent pas au mental qui ne pourra en comprendre tout le sens. L'objectif n'est pas de comprendre mais de vous laisser goûter à cette Connaissance et laisser faire écho en vous ce qui entre en résonnance. Toutes les autres lois viendront éclairer sous différents angles cette loi de l'Unité afin de lui donner davantage de consistance et de concret. *Lorsque l'élève est prêt, le maître apparaît*. Cela signifie que les différentes pièces du puzzle s'assembleront progressivement et à votre rythme dans votre esprit pour vous donner une compréhension globale qui ensuite pourra être pleinement validée par l'expérience. Attachez votre ceinture, le voyage commence maintenant et c'est un aller simple vers votre Libération.

Tout est un dans l'Univers. Ce qu'il faut entendre quand on parle d'Unité, c'est que tout élément est une seule et même chose et que chaque élément est relié dans l'Univers. Le Tout, également appelé Dieu, l'Esprit, l'Univers, l'Intelligence Cosmique, la Source, la Divine Matrice, Oméga, le Champ[1], ne peut être compris intellectuellement par

---

[1] *Chaque fois que ces termes seront utilisés à travers cet ouvrage, j'utiliserai une majuscule. Pour illustrer, l'*Esprit est l'esprit universel tandis que l'esprit est

l'Homme puisqu'il est hors de la réalité spatio-temporelle. C'est comme si une cellule du corps voulait se représenter ce dernier et le comprendre. C'est aussi pour cette raison que la plupart des religions disent « *Vous ne vous ferez pas d'image de Dieu* ». Le Tout est éternel et infini. Il n'a pas de commencement ni de fin. Il comprend l'ensemble de toutes les choses qui existent. Chaque élément qui le constitue est de même essence, l'énergie de la Vie elle-même, présente en tout et reliant tout ce qui est. Puisque tout est la même chose, alors la moindre particule, la moindre cellule, possède toute la connaissance du Tout. Si l'Univers est l'Océan dont je suis une goutte d'eau, alors en tant que goutte d'eau, je possède tous les attributs de l'Océan qui n'est que la somme de toutes les gouttes d'eau qui le composent.

Cela rejoint le fait que l'Univers est fractal, ce qui signifie que toute chose se répète inlassablement à différentes échelles. Nous sommes attachés à la notion d'identité dans notre société. X est égal à X mais est différent de Y. Dans le principe d'Unité, X est aussi égal à Y puisqu'ils sont tous deux la même chose en Essence. La différence est une illusion qui pousse à apposer des étiquettes et à tout séparer. Nous retrouvons dans la Bible ce verset où Dieu dit : « *Je suis l'alpha et l'oméga, le premier et le dernier, le commencement et la fin.* ». Tout est constitué du même élément qui se répète inlassablement. Si vous observez un arbre, vous remarquerez que chacune de ses branches se ramifie et

---

l'esprit humain. L'Univers est la totalité des univers tandis que l'univers est l'univers dans lequel nous vivons.

ressemble à un arbre elle-même. Prenez un moment pour regarder un chou romanesco ou encore une fougère, toute forme se répète toujours de façon infinie. Tout ceci peut vous paraître abstrait et tout ce qui va vous être présenté dans cet ouvrage est là pour faire la lumière et vous permettre d'être en Harmonie avec cette loi d'Unité. Entendez ici que le mental ne peut saisir tout cela et que cette sagesse ne peut être vécue que dans la Présence au Soi[2].

Dans notre monde polarisé, chaque chose trouve également son opposé. Ainsi, rien n'est jamais tout blanc ou tout noir, à l'image du symbole du Yin Yang. Toutefois, la séparation est une illusion induite par nos croyances et le fait que l'on croit ce que l'on voit. Pourtant, ce que l'on voit, ainsi que ce que perçoivent nos différents sens, représente une infime partie de la réalité. Certaines expériences ont montré que l'on perçoit moins de 0,001% de ce qu'est chaque chose dans son essence. Vous pouvez voir une chaise, entendre une chanson, mais il existe énormément plus. La physique conventionnelle s'est toujours attachée à la matière alors que ce n'est qu'une fraction de la réalité de l'univers. Afin de comprendre l'Unité et de la vivre en ce monde, nous devons nous détacher de la réalité physique pour comprendre que tout tire son origine du vide qui est en réalité bien plus dense que la matière.

---

[2] Le Soi est l'Âme étant une extension de la Source. Il est relié au Tout.

Dans le courant *New-Age*[3], on entend souvent cette phrase *« Je suis Dieu »*, une phrase dangereuse si l'égo se l'approprie comme nous le reverrons dans la loi de l'Humilité. Elle est dangereuse car extrêmement mal comprise. Qui est « Je » et qui est « Dieu » ? Le sentiment d'*êtreté* exprimé par « Je suis » est la Conscience Universelle elle-même qui est Dieu. « Je » n'est pas le personnage ou l'égo qui s'y identifie, vous le devinez bien. « Je » représente le personnage que je suis mais aussi le vôtre, et aussi et surtout l'Essence de chacun qui donne la Vie. Cela représente toute chose matérielle et non matérielle, et tout ce qui est. Tout comme Dieu est tout ce qui est, était et sera. « Je Suis » se suffit donc à lui-même. Tout est la même et unique essence qui fait que chaque chose est connectée. Tout est Un, rien n'est séparé. Dans une représentation plus claire, on peut souvent lire que *« Le monde extérieur est le reflet de mon monde intérieur »*. C'est la pleine illustration de ce principe d'Unité. Tout ce que je vois et perçois est ce que Je Suis. Tout est perçu et traduit à partir du filtre de l'âme et de toutes mes croyances et expériences diverses. L'autre est mon propre miroir. Toute situation est un reflet de ce qu'il y a en Moi. Toute difficulté vécue révèle une tension interne. Je Suis l'autre, Je Suis tout ce que je vois, entends, ressens, Je Suis la Vie elle-même, Je Suis ce grand Tout qui s'exprime à travers Moi, l'Océan qui s'exprime dans la goutte d'eau. Nous verrons par la suite avec la loi du Consentement

---

[3] *Nouvelle religion de l'ère du Verseau ayant pour but d'unifier les différents courants et religions avec une bonne touche d'angélisme et d'ufologie, nous déconnectant souvent de l'essentiel en nourrissant l'égo spirituel.*

pourquoi nous vivons autant dans le sentiment de séparation puisque notre monde actuel est régi par un modèle qui divise. Or, la séparation, c'est la mort. Seule l'Union crée la vie qui croît sans cesse et sans limite. L'Union est également ce qu'on appelle l'Amour inconditionnel qui relie toute chose. Lorsque quoi que ce soit fait obstacle à l'Amour, il y a séparation et destruction. Or, ceci est contre-nature et n'existe que parce que nous consentons à ce modèle anti-vie.

A chaque instant, la vie nous propose différentes expériences pour nous confronter à nos ombres afin de les mettre en lumière et de les transmuter ou libérer. A partir de là, nous avons toujours le choix de les fuir, de les combattre, de s'y plonger, ou encore de les aimer. Certaines réactions sont destructrices et causeront davantage de désordre en vous, d'autres sont créatrices et apporteront davantage d'Harmonie. J'aime cette image disant que « *Le Christ reste toujours le Christ, peu importe ce qu'il a en face de lui.* ». Jésus Christ est venu sur Terre enseigner l'Unité et l'Amour inconditionnel. Il était connecté à la Source en permanence, ce qui lui permettait de ne pas se faire berner par l'illusion de sa réalité. Peu importe ce qui se présentait à lui, il restait dans son Essence, ne jugeait pas, et permettait à la Source d'agir à travers lui. Le Christ devient Satan s'il se fait illusionner par sa réalité et qu'il réagit négativement avec l'égo, en mode survie, créant la séparation là où il n'y a qu'union. J'utilise ces images indépendamment de la religion évidemment. Ce sont seulement des énergies mises en lumière par des mots et personnalisées pour être entendues et comprises au-delà du simple mental analytique. Ainsi, l'Amour reste toujours l'Amour, même face à la haine ou à la peur. La Joie reste toujours la Joie. Celui qui reste toujours Lui-même dans son Essence et qui se laisse porter par ce qui est juste, par son intuition et par son cœur, reste dans l'Unité et ne crée pas la séparation. Ainsi, Il est toujours nourri et supporté par la Source pour mener à bien sa « mission[4] » sur Terre.

La loi de L'Unité s'appuie sur les principes de pure potentialité et de pure conscience. Quand on entre dans cet état de pure conscience à travers la connexion à la Source, le champ des possibles s'ouvre à nous. Nous accédons à un état où tout est possible et tout se manifeste quasi instantanément. C'est aussi l'état dans lequel on se reconnecte à Soi, à qui l'on est vraiment, entièrement détaché de l'égo et du monde extérieur. On ne s'identifie plus à ce que l'on voit mais bien à ce qui Est, que ce soit présentement ou à l'état de potentialité. Un lâcher-prise évident s'opère dans cet espace d'Unité où la forme n'a plus d'importance. Ainsi, chaque intention émise à partir de cet espace prend à l'instant même une ampleur considérable puisqu'elle n'est plus freinée ou bloquée par le mental et ses croyances. C'est le pouvoir du Soi en action qui est permanent et qui ne dépend d'aucune condition extérieure. C'est ce que l'on appelle l'action inspirée ou l'état de flow. Lorsque l'on vit en connexion avec ce champ des possibles, alors tous

[4] Ce terme de mission (de vie) est souvent pris avec beaucoup trop de sérieux. Cela ne concerne bien souvent que le fait de retrouver sa nature divine, d'être pleinement soi-même afin d'impacter le monde de par notre caractère/énergie unique. Ce thème est le sujet du livre La Vibration Originelle.

nos désirs sont exaucés. Evidemment, ces désirs ne peuvent être que d'ordre spirituel ou d'une nature inspirée puisque l'égo n'est plus là pour entacher le tableau. Nous devenons pleinement au Service de la Vie, de Dieu, de la Source, de l'Univers. Nous sommes naturellement en Paix, ressentons une connexion évidente avec tout ce qui nous entoure et faisons preuve d'un Amour inconditionnel sans limite. Autrement dit, dans cet espace, seule l'âme s'exprime à travers notre corps. La magie[5] s'active alors naturellement et les forces de l'Univers semblent conspirer à notre bonheur.

Cette loi nous pousse à être dans l'amélioration constante vers la perfection de l'être. C'est la loi divine première qui nous fait prendre conscience que tout est en Dieu et que chaque chose est régie par cette force supérieure que l'on peut qualifier d'intelligence divine. C'est la vie et l'intelligence dans tous leurs degrés divers d'épanouissement. C'est le Tout, défini dans les principes du Kybalion[6] comme l'intelligence vivante infinie que l'on appelle Esprit.

Le Hasard est un autre nom que l'on donne à Dieu pour ce que l'on ne peut expliquer. Beaucoup préfèrent croire au Hasard plutôt qu'en une intelligence supérieure qui régit tout. C'est l'échappatoire facile pour Celui qui n'ose pas aller à Sa Rencontre, au plus profond de Lui-même, derrière toutes les peurs et les ombres. Pourtant, nous vivons des

---

[5] *La magie s'active lorsque l'âme agit.*

[6] Livre d'étude sur la philosophie hermétique de l'ancienne Égypte et de l'ancienne Grèce.

hasards qui sont parfois tellement improbables qu'il devient impensable de ne pas imaginer que des forces supérieures ont conspiré à nous présenter cette situation. On parle alors de Synchronicité. Il faut entendre ici que tout est parfait dans l'Univers même si de notre perspective humaine, il est extrêmement difficile de le comprendre et d'ancrer cette croyance. Si l'on était évolué au plus haut degré, vivant dans la dimension la plus haute en termes de vibration, et dans l'Unité, on pourrait aimer autant le violeur ou le tueur en série, qu'un sage bouddhiste ou un bébé innocent. Car tout est parfait. La Lumière et l'Ombre sont les deux faces d'une même pièce. Et l'Ombre sert la Lumière. Certaines âmes auraient même pour mission de servir l'ombre pour maintenir cet équilibre... En réalité, l'Ombre est une illusion mais dans notre représentation de la dualité, il faut bien lui donner un nom qui correspond simplement à un manque de vision de notre part. Si on avait la Vision Absolue du Tout, on comprendrait certainement le Pourquoi de chaque chose. Toutefois, la compréhension de cela n'appartient pas au monde de la forme. Autrement dit, vous ne pourrez jamais le comprendre car il n'y a rien d'intellectuel dans l'Unité. Elle se vit. Je vous l'explique dans ce livre en lien avec une Connaissance Originelle qui s'est reconnectée en Moi et l'expérience de l'éveil et de l'intégration de la Conscience de 5e dimension. Et pour la *comprendre*, vous devez la vivre. Elle se vit dans la Profondeur, dans cette Présence qui unifie tout. C'est un état que vous avez déjà probablement vécu dans des méditations. A présent, il est temps de l'incarner à tout moment, en toute situation et avec toute personne. C'est en tout cas la graine que je choisis de planter maintenant. Continuons l'exposé.

Tout est connecté à chaque chose. Ce que nous disons, faisons et croyons a toujours un impact sur les autres et le monde autour de nous. La séparation est l'illusion dont nous devons nous défaire. On s'identifie à tant de choses et l'on croit être ce que l'on n'est pas. Ceci nous crée des « problèmes » qui n'existent que parce qu'on leur donne consistance et que nous créons de toute pièce. Nous sommes bien plus que ce corps auquel nous nous identifions. L'identité humaine n'est d'ailleurs plus suffisante pour contenir notre Grandeur. Nous sommes capables de grandes prouesses et le pouvoir de l'esprit permet de créer tout ce que l'on s'autorise à penser et à croire possible. Pourtant, nous nous limitons du fait de nos jugements et notre volonté de contrôler.

Nous sommes par exemple très attachés au triangle sauveur-victime-persécuteur. Le sauveur juge le persécuteur et défend la victime. On croit qu'il y a un gentil et un méchant, une victime et un bourreau. Pourtant, ce sont les deux facettes d'une même pièce qui est la manifestation de l'égo à travers une blessure identique mais vécue différemment. L'un va utiliser la colère et la persécution pendant que l'autre va jouer la carte de la faiblesse et de la victime. La réalité est que ces deux personnes ont une blessure identique qui permet de les connecter vibratoirement. C'est pourquoi le cambrioleur ne peut exister sans le cambriolé, et réciproquement. Ils entrent en résonnance naturellement de par leur vibration ou blessure commune. Le sauveur ou juge va alors attaquer le persécuteur, le punir, le mettre en prison, alors que la victime va être consolée et dédommagée. C'est un non-sens complet qui est une manifestation de l'égo de plus. Le sauveur est le pire acteur de l'histoire ! Il ne fait qu'aggraver la situation en enfonçant le persécuteur dans sa colère et en déresponsabilisant la victime. Ces deux personnes ne peuvent en aucun cas guérir leur blessure de la sorte et intégrer l'enseignement de l'expérience vécue. Ces dernières ont simplement besoin d'attention et d'être guidées vers leur Libération. L'Homme veut faire sa loi et ne fait que renforcer des blessures existantes. La voie de l'Unité nous fait comprendre qu'il n'y a pas de bon et de méchant ici, seulement des manifestations de l'égo issues de blessures émotionnelles qui doivent être prises en considération, être mises en lumière et être nourries d'amour. L'Univers, à travers ses lois, s'occupe de rétablir l'équilibre à chaque instant. Cela demande à chaque personne d'accueillir toute situation comme une expérience destinée à la faire grandir et retrouver sa véritable nature. Chaque fois que nous émettons un jugement face à une situation vécue comme une maladie, une douleur, une situation désagréable tels qu'un vol, une tromperie, un manque, ou vis-à-vis d'autres personnes et à leurs actes, nous nous tirons une balle dans le pied. Le jugement tue l'humanité en la séparant, et tue la connexion au Soi. Vous n'êtes pas séparé de tout ce que vous voyez autour de vous. Tout est là pour vous servir et vous permettre de vous élever. La loi de l'Unité nous invite à nous détacher de tous nos rôles, à la fois ceux de sauveur, victime et persécuteur, mais aussi toutes les étiquettes que nous acceptons. La plupart des gens s'identifient au personnage qu'ils jouent en cette vie. Tout ce qui concerne votre personne, c'est-à-dire votre corps, votre prénom, votre situation sociale et professionnelle, toutes vos activités, toutes vos pensées, actions et émotions, ne sont pas Vous. C'est simplement le personnage que vous décidez et acceptez de jouer. Il est entièrement détaché de qui Je Suis, de l'Âme et de la Source. Il est capital de vous détacher de votre personnage afin de ne plus prendre au sérieux tout ce qui vous arrive. Tout est expérience. C'est par le détachement du personnage que vous pouvez véritablement vous Libérer. Vous ne pouvez aspirer qu'à cela. Tant que vous prenez trop à cœur ce que vous vivez et que vous vous attachez à connaître des résultats précis dans votre vie, vous ne pouvez être connecté à votre âme et à la Source. *Si j'existe à travers mon rôle, alors je ne suis qu'une pâle représentation de ce que Je Suis vraiment. Je ne peux alors pas m'exprimer en accord parfait avec les Lois Universelles et partager ma Vibration Originelle au monde. Ainsi l'Univers me reflète ce non-alignement à travers différentes épreuves mettant en lumière mes ombres.* Nous reparlerons de tout cela dans d'autres lois, notamment à travers la loi de l'Attraction pour le personnage et la loi du Dharma pour la Vibration Originelle.

Un dernier point que je souhaite souligner ici est l'importance du corps physique qui peut être une véritable porte de connexion à l'Unité en plongeant profondément en lui. La Libération passe aussi par le corps et la pleine incarnation ici et maintenant. Nous pouvons toutefois transcender les lois physiques en nous alignant sur les Lois Universelles et laissant le Vivant s'exprimer inconditionnellement à travers Soi.

COMMENT VIVRE EN ACCORD AVEC LA LOI DE L'UNITE

Afin de vivre en accord avec la loi de l'Unité, vous devez reprendre conscience de l'Essence profonde de votre Être qui se situe au-delà de l'égo ou du personnage que vous jouez. Dans votre Essence, vous êtes libre, sans peur, indifférent aux regards des autres et aux critiques. Vous vous sentez légitime et voyez en grand. Vous êtes pleinement ouvert à l'inconnu et à la magie de la vie. Vivre l'Unité demande de se connecter avec son Être véritable et de se déconnecter de ses pensées. La pensée est un puissant outil qui doit être au service de l'Être. Or, elle prend dans notre société une place considérable qui étouffe l'âme. Le but ici est de cesser de le nourrir autant et d'utiliser davantage d'énergie à se reconnecter à son âme et à la Source. Cette dernière contient tout. Elle est tout le temps présente, en nous et tout autour de nous. Elle est aussi une source d'énergie infinie qui peut vous nourrir sur tous les plans. Cette énergie est d'ailleurs utilisée dans le développement de nombreuses nouvelles technologies aujourd'hui à l'image de l'énergie libre et des générateurs surnuméraires et permet aussi à des dizaines de milliers de personnes dans le monde à ne plus avoir besoin de s'alimenter physiquement. Alors la vraie question est *comment se connecter à cette Source intarissable qui peut subvenir à tous nos besoins et nous donner une énergie phénoménale* ?

La pratique indispensable pour se connecter à l'être est celle du Silence. Le silence est la symphonie de l'âme. Il est ce qu'il y a de plus précieux pour la connexion avec la Source. Plus précisément, on pourrait parler du vide ou encore de l'infini. Le silence représente l'espace dans lequel il n'y a plus d'activité, plus de bruit, plus aucune pensée. Il y a simplement la conscience du moment présent, de ce qui est Vivant en soi maintenant. Il peut comprendre les sensations du corps notamment avec la respiration, les bruits perçus et les mouvements qui nous entourent. Toutefois, ne vous identifiez pas à ce que vous ressentez car le mental peut se réapproprier tout cela. C'est lui qui veut atteindre un état particulier ou ressentir des choses en méditation. Ce sont ces désirs qui empêchent l'âme de prendre toute la place. Lorsque l'on s'autorise à entrer dans cet espace, au plus profond de soi, alors naît une immense Paix, un Calme absolu, et l'Evidence Est. Tout s'apaise et devient incroyablement Fluide, soutenu par une Force incroyable et la Sécurité intérieure. Le mental a peur de cet espace car l'égo ne peut y résider. Il essaie donc de vous empêcher d'y aller en s'activant toujours davantage pour créer du bruit, vous poussant à l'action, activant des pensées, des émotions, des envies et tout cela vous empêche d'être connecté à vous-même. Il s'agit ici de faire la paix avec ce mental-égo qui a seulement la puissance que vous lui donnez.

Tout ceci s'accompagne de l'activité la plus difficile à faire pour un occidental : Faire RIEN. Non pas celle du « *Rien faire* » qui est souvent synonyme d'ennui mais bien celle de décider consciemment de faire rien, d'être dans une attitude complètement passive. Vous vous habitué alors à vous mettre en retrait afin que la Présence prenne le relai. Prendre un moment chaque jour où l'on ne fait rien développe la conscience du moment présent très rapidement. On ne regarde pas la

TV, on n'écoute pas la radio, on ne lit pas, on ne mange pas, on ne parle pas, on ne médite même pas, on est seul et on est présent, tranquillement posé. L'idée est de faire ce que l'on fait sans but. Si je respire consciemment ou que je médite avec un objectif, mon mental est rassuré car je fais quelque chose de constructif. Pourtant, le véritable espace de paix s'ouvre quand on se détache totalement de cette notion de résultat quoi que l'on fasse. Ainsi, le petit moi finit par s'effacer. Faire rien peut s'avérer extrêmement difficile et vous constaterez aisément que le mental s'affole quasi instantanément quand on commence cette activité. Forcez-vous dans un premier temps à rester dans cette posture quoiqu'il se passe. Observez alors les pensées qui passent. Observez vos pulsions. Observez comment votre corps s'exprime. Observez les vives émotions qui montent en vous. Observez ce sentiment de perte de temps. Observez comment vous vous jugez d'être dans cette non-action alors que vous pourriez utiliser ce temps précieux à construire de belles choses ou regarder votre émission favorite à la TV. Observez...

Ayez à l'esprit que cette pratique du silence n'est pas anodine. Elle fera instantanément remonter des peurs, de l'inconfort, des questionnements, des jugements envers vous-même. Au début, votre dialogue intérieur se fait de plus en plus accaparant, vous ressentez le besoin intense de dire quelque chose. Une impression d'urgence et une profonde anxiété peut aussi vous envahir. Vous allez certainement vous sentir inutile ou penser que ce que vous faites maintenant ne sert personne. C'est le grand paradoxe. Vous n'avez rien à faire sur cette Terre, vous avez tout à Être ! C'est en Révélant pleinement Qui Je Suis que vous allez pouvoir Exprimer votre Toute-Puissance dans la Matière. Et pour cela, vous devez mettre en lumière vos zones d'ombre. Ceci ne peut se faire que dans l'observation passive. Le brouhaha intérieur finit par se calmer avec la pratique, laissant place à un silence profond car le mental finit par lâcher prise. L'égo s'efface petit à petit et cesse de tourner en rond. Le dialogue intérieur s'apaise. Vous pénétrez alors dans la tranquillité du champ de pure potentialité.

Pour aller plus loin, je vais vous partager un secret absolument unique. La plupart des choses que je partage dans ce livre sont issues de ma propre expérience et de ma propre connexion à la Source qui me procure des informations et prises de conscience que je n'ai jamais vues ou entendues ailleurs. C'est ce à quoi vous aurez accès en vous connectant à la Source. Plus besoin de connaissances extérieures puisque vous pouvez vous servir dans les annales de l'Univers. Ce secret est ce qui me permet d'entrer instantanément dans la conscience du moment présent, en connexion avec mon âme et la Source. Il consiste à se focaliser sur le son qui est naturellement présent dans nos oreilles et que j'appelle le Son Originel. Il peut différer pour chacun mais semble généralement être aigu. Dans mon expérience c'est comme un fil tendu entre les deux oreilles qui vibre en permanence. L'exploration de ce phénomène me conduit à penser que ce son est produit par la glande pinéale à travers les rayons de lumière qui se réfractent et se réfléchissent sur les cristaux qui la composent. Vous pouvez alors mettre votre attention au centre de la tête entre les deux oreilles, au niveau de la glande pinéale, et ressentir ce son rayonner et sortir de vos oreilles.

Plus vous devenez conscient de vous-même et cultivez cette connexion à la Source, plus ce son devient perceptible très facilement et en tout lieu. Il peut devenir très fort sans jamais vous déranger. Il peut aussi devenir une protection face aux agressions sonores dans les lieux agités.

Certaines personnes pensent d'ailleurs souffrir d'acouphènes alors qu'elles sont en présence de ce son qu'elles renient et combattent par conséquent. Tous les cas sont différents évidemment. Je vous invite à reconsidérer ce qu'est ce bruit et pourquoi il se manifeste. N'y verrait-on pas le mal là où en fait c'est un bruit tout à fait naturel ? Vos tympans peuvent être abimés suite à un choc sonore ou à des expositions à des sons et musiques trop intenses. Vous pouvez aussi connaître des acouphènes pour des raisons émotionnelles à commencer par le stress, l'envahissement et l'étouffement dans votre vie, qui se répercute aussi sur ce son dans les oreilles qui a alors pour rôle de vous couper de la réalité. Cela peut aussi être le fait de ne pas vouloir entendre certaines choses qui vous rendent alors sourdes. Ou encore la peur du silence, donc du vide, et donc de la Source qui n'est autre que le reflet de votre propre Grandeur, du Divin, de cette Force intérieure. Les questions à se poser à partir de là sont : "*Est-ce que ce son est dérangeant ? Est-ce qu'il fait mal ? Est-ce qu'il me rend sourd ?*" Si vous ne récoltez que des non alors ce n'est pas un acouphène. Et s'il y a du oui, alors quel cadeau ! Le fait de se mettre à l'écoute de cet acouphène vous permettra d'en connaître l'origine et de traverser cela à votre rythme. Il devient alors une clé d'accès à la Présence et à l'Âme. L'acouphène peut donc se transformer en précieux trésor.

Cette pratique va développer en vous une connexion à l'âme de façon magnifique. Vous serez naturellement plus à l'écoute de ce qui se passe en vous et davantage connecté au monde qui vous entoure. La pratique de la méditation en soi n'est pas une obligation. Toutefois, c'est une pratique essentielle pour faire le calme en soi. Certaines pratiques de méditation seront parfaites pour permettre à certains d'entre vous de se connecter à la Source, et ne le seront pas pour d'autres. Ce qui est important au sujet de la méditation, c'est cet espace de vide qu'elle permet d'atteindre qui compose toute chose et la Présence qui y réside. La méditation pratiquée sans but est l'un des moyens les plus aisés pour entrer dans ce silence, synonyme de cet espace de Paix et de Tranquillité en Soi. Le silence est important, car votre nature divine n'est pas quelque chose que vous cherchez à atteindre, c'est quelque chose dont vous vous souvenez, que vous retrouvez. Vous êtes Divin. Tout est déjà là accessible à chaque instant dans cet éternel présent.

Tant que vous serez aux prises avec vos démons, vous ne pourrez être pleinement connecté à la Source. Et quand vous le serez, vous le saurez car l'Evidence Sera. Vous aurez alors davantage de Clarté. La suite consistera à y rester connecté le plus souvent possible afin que toutes vos décisions soient prises en conscience. Toute pratique spirituelle qui vous aide à vivre cet état durablement est bénéfique. Entendez toutefois que tout peut y donner accès car ce qui compte dans pas ce que vous faites mais bien dans quel Attitude intérieure vous êtes. Est-ce l'Âme en connexion avec la Source et la Profondeur qui s'exprime, ou bien l'égo attaché aux pensées, émotions, douleurs, habitudes, décisions à prendre, etc. ? N'y voyez aucun but. Soyez seulement témoin de ce qui œuvre en vous en étant à l'écoute de votre cœur et de vos intuitions pour savoir ce dont vous avez vraiment besoin. C'est pourquoi tout cela se pratique sur une base journalière, régulière, qui vous permettra de vous connecter toujours davantage à la Source jusqu'à ce que ce soit un état quasi-permanent. Vous pouvez connaître un état d'éveil ponctuel avec ce sentiment d'être connecté à tout ce qui est dans l'Amour le plus grand et laisser tout cela s'éteindre, vous laissant un souvenir que ça existe sans que vous lui ayez donné la chance de s'intensifier dans votre vie. J'ai personnellement commencé à vivre des expériences de connexion incroyables qui duraient quelques minutes, aussi un éveil de la Kundalini qui a duré plusieurs semaines. Désormais, c'est quotidiennement que je cultive cette connexion. La vie sur Terre est pleine de surprises et peut facilement nous happer. C'est pourquoi ces pratiques ramènent sans cesse à l'Essentiel. C'est cela qui vous procurera un alignement sans précédent dans tout ce que vous faites. A vous de cultiver ce qui fait naître et s'installer l'Unité chez vous. Retenez que tout est en mouvement permanent dans la vie. Rien n'est jamais acquis. Vous pensez parfois avoir acquis quelque chose et en êtes fier, puis la vie vous l'enlève pour que vous fassiez l'expérience de cette séparation. Vous n'avez rien à faire ou à obtenir mais tout à Être en premier lieu. Ce que vous faites n'est qu'une conséquence de qui Vous Êtes. Il est de votre responsabilité à présent de trouver le juste équilibre par rapport à vos envies et votre mode de vie. Cela peut être une séance de 30 minutes par jour où vous prenez ce temps pour vous, simplement pour faire rien et être passif, dans l'observation, dans l'écoute, connecté à vous-même. Cela peut-être des moments très brefs de moins d'une minute où vous allez faire une pause, une reconnexion à votre cœur, à votre Être. Plus vous vous exercerez dans cette pratique, plus cela deviendra naturel. Vous vous familiariserez avec cette connexion avec toujours plus de puissance et cultiverez une Paix et une Sécurité intérieure sans précédent. Lorsque vous vous connectez à cette Unité, à votre Être profond, à votre âme, à ce vide infini, à cette énergie présente partout à chaque instant, vous vous détachez de toutes vos peurs et pouvez vivre dans l'Harmonie. Une nouvelle fois, vous n'avez rien à faire de particulier. Vous avez simplement à révéler pleinement qui vous êtes et à faire Rayonner votre belle Lumière dans le monde. Cela vous demande d'être conscient et observateur du personnage que vous jouez en cette vie. Vous pouvez tout expérimenter mais ne prenez jamais trop à cœur ce qui vous arrive. Amusez-vous à observer vos comportements et réactions et vous vous détacherez progressivement de l'importance de la réalité physique. Ainsi, vous vous libérez et pouvez exprimer pleinement l'Être divin que vous êtes dans la matière.

La pratique des 5 accords toltèques[7] est également puissante sur le chemin de l'Unité. Toutefois, je ressens que ces enseignements ont été transmis dans l'identification à la forme et la volonté de la changer. Je vais donc vous les transmettre dans la Profondeur afin que vous les

[7] Les quatre accords toltèques (suivi du 5e dans un ouvrage plus récent) de Don Miguel Ruiz est un best-seller de la littérature sur le développement personnel dévoilant la sagesse du peuple toltèque.

cultiviez dans ce sens également. Premièrement, que votre parole soit impeccable. Evidemment qu'elle l'est lorsqu'elle émane de la Profondeur. Ne cherchez pas le contrôle, restez au contact de ce qui se passe en vous. La parole juste est toujours présente. Or, si vous réagissez à un stimulus émotionnel ou que l'autre réactive une mémoire en vous, alors vous pouvez vous faire happer et dire une parole destructrice qui créera le chaos autour de vous. Ne cherchez pas à contrôler ou étouffer ce qui monte, soyez en Présence. Laissez passer l'orage et exprimez votre Vérité. Votre parole peut alors être douce comme tranchante. Elle est ce qu'elle doit être. Beaucoup de personnes spirituelles s'interdisent de dire des choses qui peuvent blesser l'autre pour éviter la souffrance. Or, c'est bien souvent l'égo qui brime l'Expression du Vivant. Si quelque chose doit être dit pour révéler ce qui doit l'être, permettez-vous de faire ce Cadeau au monde. Cette parole ne sera jamais accusatrice et ne jugera jamais. Elle révèlera. Le second accord toltèque est « Ne prenez rien personnellement ». Evidemment que je ne vais rien prendre personnellement. Si je prends quelque chose personnellement, cela signifie que je me sens séparé des autres et que je suis identifié au personnage et à mon ego. Comment puis-je prendre quelque chose personnellement si Je Suis Présent, en lien avec le Tout ? Il est important sur ce Chemin de Réunification de prendre le temps de se poser et ne pas réagir face aux sollicitations extérieures. A partir du moment où vous savez que l'autre est votre propre reflet car nous ne sommes qu'Un, alors accueillez l'autre comme si c'était Vous, puisqu'il l'est. Vous pouvez avoir envie de le massacrer parce qu'il met en lumière ce à quoi vous n'osez pas faire face en vous. Et il vous le sert sur un plateau. Ne prenez pas tout cela personnellement. Et ne soyez pas dans le déni. La Vie n'est à propos de votre petite personne mais bien d'une cocréation parfaite entre chaque élément qui la compose. Le troisième accord toltèque est « Ne faites pas de suppositions ». Comment puis-je faire des suppositions lorsque Je Suis en lien avec l'Evidence ? Et à quoi cela pourrait-il bien servir ? Seul le mental identifié à la forme émet des suppositions car il cherche à atteindre un but, à se justifier, à se complaire dans une situation ou à prouver certaines choses. En lien avec l'âme, Je me laisse simplement guider et Je me laisse agir. Tout est parfait dans l'Unité, tout est Fluide, tout est à sa place et en Harmonie. Depuis la perception humaine, il est probable que vous n'ayez pas ce ressenti-là. Servez-vous de cela pour œuvrer dans les domaines que vous souhaitez voir évoluer et restez connecté à ce qui pulse au fond de vous, vous guidant, vous disant quoi faire et les décisions les plus justes à prendre. Votre mental permettra alors d'instaurer le cadre nécessaire à ce que cette guidance puisse se manifester naturellement. Le quatrième accord toltèque est « Faites toujours de votre mieux ». Evidemment que je vais toujours faire de mon mieux. Comment pourrais-je faire autrement que de faire de mon mieux si Je Suis connecté au Tout et que j'ai conscience que l'autre, c'est Moi-même ? Je ne peux alors qu'avoir ce désir de Servir dans la bienveillance, de traiter les autres comme j'aimerais qu'ils me traitent, et ce, quoiqu'ils me fassent, de faire ce qui Me met en Joie, éveille mon âme pleinement. Il ne peut plus y avoir de culpabilité de ou remord. Il peut bien sûr y avoir des allers-retours, des moments où l'on est totalement traversés, d'autres où on revient dans l'illusion et la souffrance. Il s'agit alors d'être Vigilant et de faire de son mieux chaque jour pour être en lien avec l'Essentiel. Lâchez toute culpabilité ou volonté de résultat. Ne vous en voulez pas de ne pas y arriver. Soyez juste Présent à ce qui se vit maintenant. Il ne vous est rien demandé d'autre. Enfin le dernier accord est « Soyez sceptique mais apprenez à écouter ». Qui dois-je apprendre à écouter ? Nous parlons bien de l'âme. C'est se permettre d'être à l'écoute de ce qui se vit en moi, d'entendre les messages, de laisser la Vie faire son Œuvre. C'est également de ne jamais croire sur parole quelqu'un ou une démonstration quelle qu'elle soit sans vérifier à l'intérieur de vous-même comment cela résonne. On peut vous présenter la meilleure affaire du monde et vous sentez que ce n'est pas pour vous. Ecoutez-Vous ! Ces accords toltèques, même s'ils ne sont pas pratiqués dans cette profondeur, éveille à d'autres possibilités. Quoiqu'il en soit, quoi que vous cherchiez, cela se trouve forcément en Vous-même. Vous pouvez explorer tout l'univers avant de revenir à la Maison ou vous y rendre dès maintenant.

Une autre pratique vous permettant de vous connecter à ce champ de pure potentialité est d'être dans l'émerveillement, l'observation joyeuse de la Beauté qui vous entoure. Vous pouvez vous extasier devant un brin d'herbe, une fleur, le soleil, un nuage, un animal, le chant d'un oiseau, un parfum, un rire, etc. En vous connectant à cette beauté et la vie qui habite toute chose, vous vous autorisez à vous fondre dans l'énergie divine. Tout est une question de focalisation et de vous laisser

Saisir par l'Essence de chaque chose. On peut continuer à voir le verre à moitié plein ou à moitié vide. On peut aussi choisir de le voir plein à ras bord et débordant dans une abondance sans limite. On peut aussi voir qu'il n'existe que dans la forme. Plus vous allez vous entrainer à voir le Beau en toute chose, plus vous allez sublimer votre vie. Abraham Lincoln a dit « *Vous pouvez vous plaindre parce que les roses ont des épines ou vous réjouir que les épineux aient des roses* ». Puisque tout est Un et constitué de la même chose, tout est Amour et vous pouvez observer cet Amour en toute chose. Même là où il semble absent, il ne l'est jamais complètement à l'image du Yin et du Yang.

La Joie se manifestera naturellement dans votre vie quand vous serez dans votre alignement et connecté avec la Source. Lorsque vous ne cherchez plus à contrôler quoi que ce soit et que vous vous laissez guider dans une action inspirée, votre vie s'illumine de votre Rayonnement. Plus vous vous centrerez sur de hautes vibrations ainsi que sur des activités qui vous procurent de la Joie, plus vous serez connecté à votre âme et à la Source et votre vie s'embellira naturellement. La Joie se manifeste également à travers la compassion. Ceci est aussi un point clé concernant l'Unité. La compassion est le sentiment qui vous permet de vous libérer du jugement et des étiquettes bien et mal ou victime et persécuteur. Vous vous désidentifiez alors du rôle de sauveur qui veut donner son avis sur tout et qui juge depuis sa perception limitée d'être humain. Lorsque vous comprenez que chacun fait toujours de son mieux en fonction de son expérience de vie et de sa conscience actuelle, alors vous ne pouvez plus juger qui ou quoi que ce soit. Certaines choses vous paraîtront toujours incompréhensibles de votre perspective mais si vous aviez une vision omnisciente du pourquoi de chaque chose, alors vous comprendriez. Il ne faut pas chercher à tout comprendre. Mais ne jugez pas ce que vous ne comprenez pas pleinement. Cultivez la compassion pour nourrir d'amour à la fois les personnes qui font souffrir et celles qui souffrent car elles souffrent toutes en réalité. Toutes ces personnes ont besoin d'Amour et d'être guidées sur leur chemin. C'est en nourrissant d'Amour et de Compassion chaque être que vous côtoyez de près ou de loin que notre monde s'embellira vitesse éclair. Nous reparlerons de ce sujet absolument fondamental et libérateur dans la Loi de l'Amour et de Transmutation.

Enfin, un dernier point mais loin d'être le moins important est celui d'être au Service de la vie. Nous reviendrons sur ce point qui est mis en avant par d'autres lois. Quand vous osez mettre vos désirs personnels de côté et de simplement offrir le meilleur de vous-même en vous abandonnant à tout ce que la vie vous propose, alors vous vous permettez d'être en communion avec la Source et d'être dans l'inspiration juste à chaque instant. Ainsi, vous vivez l'Unité même au sein d'un monde limité. Tel est le but de cette première loi qui allège face à la réalité physique des choses. Tout ce que vous percevez avec vos 5 sens reste une perception extrêmement limitée des choses. Dans la Profondeur, il en est tout autre. Tout est connecté. Tout est Un.

A RETENIR

- Tout est connecté et unifié à chaque instant dans l'Univers. Le monde extérieur ou ma vie est toujours le reflet de mon monde intérieur, c'est-à-dire de mes vibrations, pensées, émotions et croyances.

- La pratique indispensable pour se connecter à l'Être est celle du Silence. Ce sont aussi les pratiques du « Faire rien » et du Son Originel. Je vous invite à vous connecter plusieurs fois par jour à cet espace de vide, d'infini afin de vous connecter à la Source.

- Adoptez une posture d'observateur, conscient que vous n'êtes pas le personnage que vous jouez derrière lequel se cache l'égo. Votre âme a soif de s'exprimer librement à travers le personnage que vous jouez et ce dernier ne doit pas faire obstacle. Ne prenez pas les choses trop à cœur et accueillez toute expérience comme un enseignement vous menant à davantage de Présence et d'Amour.

- La pratique des 5 accords toltèques est également puissante sur le chemin de l'Unité. L'idée ici est de les avoir à l'esprit tout en ayant conscience qu'ils agissent naturellement dans la Présence. Ne forcez pas les choses, cultivez ce qui vous semble juste et avancez à votre rythme.

- Pratiquez l'émerveillement et laissez-vous Saisir par l'Essence de ce que vous percevez autour de vous. Tout peut vous émouvoir et toucher l'âme. Cela dépend seulement d'une Attitude intérieure et de votre ouverture à la Vie. La Nature est un excellent sujet pour s'extasier devant un brin d'herbe, une fleur, le soleil, un nuage, un oiseau, le chant d'un oiseau, un parfum, un rire, etc. En vous connectant à cette beauté et la vie qui habite toute chose, vous vous autorisez à vous fondre dans l'énergie divine et à l'étendre à tout ce qui Est.

- Soyez dans la compassion vis-à-vis des êtres qui souffrent. Qu'ils soient victimes ou persécuteurs, nul n'a besoin de haine ou de consolation. Chacun a besoin d'attention et d'Amour. Vous pouvez être un acteur majeur du changement en cultivant l'Amour, la Compassion et l'Altruisme envers toute personne et toute chose dans votre vie.

- Enfin un dernier point mais loin d'être le moins important est celui d'être au Service de la vie et d'oser suivre de grands buts qui viendront nourrir le Tout et lui permettre de s'exprimer pleinement à travers votre corps physique.

LA LOI DE L'ATTRACTION OU DE VIBRATION

« *La vie naît d'une vibration, est entretenue par la vibration et meurt en l'absence de vibration* »

(G. Lakhovski)

La loi de l'Attraction est terriblement mal comprise puisque l'engouement marketing qu'elle a généré a fait des ravages. Ainsi on fait miroiter une certaine vérité tout en cachant des ingrédients essentiels de la recette afin que les personnes achètent toujours plus de clés secrètes sur le sujet. Vous allez comprendre aujourd'hui ce qu'est vraiment cette loi et à quoi elle sert. Vous l'aurez compris, cette dernière est terriblement d'actualité à l'heure où de nombreuses personnes tentent d'atteindre une certaine maîtrise personnelle et à utiliser consciemment le pouvoir de l'esprit pour créer ce qu'elles veulent dans leur vie. Cette loi fonctionne absolument tout le temps. Pourtant, la « réussite » telle que nous l'entendons n'est pas toujours assurée puisqu'on ne maîtrise pas toujours nos propres vibrations. On peut par exemple penser Abondance et vibrer la peur de ne pas l'obtenir. Ainsi fonctionne la loi de l'attraction qui existe pour vous apporter davantage de ce que vous vibrez. Nous avons tous droit à l'abondance à condition de respecter les lois naturelles de l'univers.

La loi d'attraction dit que 2 vibrations de même nature s'attirent irrémédiablement. Le monde est constitué d'énergie dans sa totalité puisque si l'on étudie une particule à la plus petite échelle possible, on se rend compte qu'elle est composée uniquement de vide et que ce vide est une énergie en mouvement permanent possédant une fréquence vibratoire propre. Rien n'a donc d'existence purement matérielle, tout est énergie à l'échelle de l'infiniment petit. Une table est ainsi une association de particules ayant des fréquences vibratoires particulières, pour former un objet dans notre monde en 3 dimensions. Tout ceci est agrémenté de nos croyances profondes qui façonnent également le monde que nous voyons puisque c'est l'observateur qui crée la réalité[8]. En soi, la table est composée à 99,99% de vide. C'est seulement notre perception déformée de la réalité qui nous la faire percevoir autrement.

Tout être humain émet également des vibrations à chaque seconde. Ces vibrations sont induites par nos sentiments qui représentent la jonction de nos pensées et émotions, ces dernières étant elles-mêmes influencées par nos croyances. Tout est vibration dans l'Univers. Nous sommes vibrations, notre ADN, nos organes et chacune de nos cellules vibrent. Etant donné que 2 fréquences vibratoires identiques s'attirent, nous attirons alors ce pour quoi nous vibrons. Ce que nous vibrons se réfèrent à nos pensées, émotions, croyances, que ce soit dans le domaine du conscient ou de l'inconscient. Allons désormais davantage dans le détail pour apporter la véritable Lumière sur le sujet.

---

[8] *Voir l'expérience des fentes de Young pour comprendre ce principe d'observateur créant la réalité.*

Nous avons accès aujourd'hui à 2 grandes définitions de la loi de l'attraction qui permet de la comprendre avec notre cerveau gauche ET notre cerveau droit.

Vous avez certainement déjà entendu cette phrase : "*Nous attirons ce à quoi nous pensons*". Plus précisément, nous attirons ce à quoi nous pensons *le plus souvent*. Encore plus précisément, nous attirons des personnes et situations en accord avec *les émotions liées aux pensées que l'on entretient le plus*. Enfin, ce sont les sentiments, qui sont la combinaison des pensées et des émotions, qui créent notre vie. Voilà déjà un exposé qui en dit plus que le simple film Le Secret[9] par exemple, bien qu'il soit excellent dans un cadre d'inspiration.

Les travaux en physique quantique et autres physiques actuelles prouvent aujourd'hui ces faits. Ce sont bien les sentiments qui créent notre vie. C'est comme si notre futur était composé d'une infinité de scénarios possibles et que le fait de concentrer notre énergie sur un de ces scénarios en particulier le rendait concret et palpable dans notre réalité physique. Les récents travaux sur l'épigénétique[10] montrent que rien n'est figé en soi. On a pensé pendant longtemps que nos gênes contrôlaient notre existence. En réalité, notre environnement et par conséquent notre état d'esprit, agit directement sur nos cellules et sur

---

[9] Le film de Rhonda Byrne qui a popularisé la loi d'attraction en 2006.
[10] Branche de la biologie qui étudie les mécanismes moléculaires qui modulent l'expression du patrimoine génétique en fonction de l'environnement.

notre ADN. Ainsi, rien n'est jamais figé, rédhibitoire ou acquis. Tout peut changer et tout change en permanence.

Napoleon Hill, considéré comme le père du développement personnel et notamment de la loi d'attraction et de la réussite, a également énoncé ce principe : "*Tout ce que l'esprit peut concevoir et être amené à croire, il peut le réaliser*". Nous voilà à présent avec la composante de l'imagination en plus qui est le point de départ de toute création. Voilà pour ce qui concerne le cerveau droit, qui a besoin d'images et d'inspiration pour comprendre. Toutefois, dans un monde où l'on fonctionne majoritairement avec le cerveau gauche, ce genre de présentation ne suffit pas. Un enfant de 3 ans est enchanté d'apprendre qu'il peut créer tout ce qu'il veut avec ses pensées. Mais l'être humain blindé de croyances depuis des dizaines d'années doute naturellement de cette loi d'attraction qui fait miroiter des merveilles.

La physique d'aujourd'hui met en lumière une nouvelle définition qui s'adresse à notre cerveau gauche, de façon très structurée. Elle est la suivante : « *Deux fréquences vibratoires de même nature s'attirent irrémédiablement* ». Cela signifie également que deux fréquences vibratoires différentes ne peuvent coexister au même endroit au même moment. Cela prend racine dans le fait que tout est énergie dans l'univers. Si nous zoomons sur la matière, on sait aujourd'hui que l'on arrive à un espace vide qui compose toute chose. D'un point de vue physique, le vide correspond à 99,9997% de l'univers. Notre perception physique de ce qui nous entoure est altérée par nos sens limités. Je vous invite à aller voir les travaux de Nassim Haramein[11] qui a fait un travail colossal sur le sujet.

Nous savons qu'en tant qu'être humain, nous émettons des vibrations à chaque instant de par nos pensées, nos émotions, nos croyances, etc. Mais vous l'avez compris, ce sont principalement nos sentiments, alliance de nos pensées et de nos émotions, qui ont le plus de poids car ces derniers prennent racine dans tous ces éléments. Voilà une première introduction à comment nous pouvons utiliser la loi de l'attraction à notre avantage. Il suffit de prendre soin de nos sentiments. Chose facile à dire, plus difficile à mettre en pratique. Mais nous allons aller plus loin pour que vous compreniez parfaitement comme tout cela fonctionne.

Pour être beaucoup plus précis et plus juste, la loi de l'attraction, en lien avec la loi de l'Unité, répond avant tout à la vibration de notre âme qui sait précisément ce dont on a besoin. Ainsi, l'âme vibre à chaque instant qui elle est de façon à attirer des circonstances destinées à lui permettre de s'exprimer pleinement dans la matière. Notre réalité physique à travers la dualité nous permet d'expérimenter des facettes différentes de la réalité, nous permettant de nous confronter à nos zones d'ombre et de se Libérer plus rapidement tout en aidant l'humanité à faire de même. Toutefois, la vibration de notre âme peut être entachée par les

---

[11] *Nassim Haramein est un physicien renommé dont les découvertes convergent vers la géométrie fondamentale de l'espace qui nous connecte tous.*

désirs de l'égo qui veut obtenir des choses qui n'ont souvent rien à voir avec ses aspirations naturelles.

Le but de l'existence de la loi d'attraction n'est donc pas d'obtenir quoique ce soit, comme la plupart des gens le pense. Elle met simplement en relation des fréquences de même nature qui tirent leur puissance de notre Être. Si nos pensées sont en cohérence avec nos émotions, alors nous pourrons attirer ce sur quoi nous focalisons consciemment. Cela prendra une puissance bien plus grande si cette cohérence est en alignement avec notre âme évidemment. S'il n'en est pas ainsi, alors la Vie nous présentera des situations nous permettant de faire la lumière sur tout cela. Elle va refléter ce qu'il y a en soi. Par exemple, je peux vouloir davantage d'argent mais avoir des émotions de manque liées à la peur de manquer d'argent. Ainsi, je vibre le manque et non l'abondance. La pensée permet de se brancher sur un sujet et l'émotion va déterminer la fréquence. Ainsi, sur l'échelle de l'argent, je peux choisir l'abondance financière, la pénurie ou une infinité de variantes entre les deux. Si je vibre le manque, la loi de l'attraction m'enverra davantage de manque pour me refléter cette vibration. Nous avons de nouveau à faire à ce principe essentiel disant que « *le monde extérieur est le reflet du monde intérieur* ». Ainsi, l'extérieur me permet d'ajuster la fréquence que j'émet si le reflet ne me convient pas. Toutefois, ce qu'il est capital de comprendre, c'est que la Vie fera toujours en sorte que l'on reste sur notre chemin de vie, la voie de notre âme. Chaque fois que l'on émet un désir qui n'est pas dans cette logique-là, la vie fera en sorte de nous le faire comprendre par différentes situations et épreuves à vivre.

Ainsi, l'Univers nous donne toujours ce dont nous avons besoin pour continuer à croître. Ce dont nous avons vraiment besoin et ce que nous désirons consciemment peuvent être deux choses complètement différentes. Il nous faut donc être sage et accepter de ne pas toujours recevoir ce que l'on souhaite recevoir. Il y a des étapes essentielles par lesquelles passer. Il y a des prises de conscience nécessaires. On n'est pas toujours prêt à recevoir ce que l'on désire. Il nous faut donc toujours continuer à avancer, tout en sachant que la vie nous donne tout ce dont on a besoin pour évoluer et atteindre nos plus grands rêves. Evidemment, ces rêves doivent être en justes et en accord avec qui nous sommes vraiment, en accord avec notre âme.

L'essence de la loi de l'attraction n'est donc pas de vous faire obtenir des choses mais bien de transformer votre attitude et de vous faire vous sentir bien à chaque instant, indépendamment de ce que vous obtenez. C'est en focalisant vos pensées sur des choses qui vous font vous sentir bien ici et maintenant que vous activez la magie de cette loi dans le sens où vous obtiendrez ce que vous voulez. Le but est seulement de vous sentir bien dans cette démarche. Lorsque vous vous sentez bien dans votre vie, vous avancez naturellement en direction de ce que vous voulez. L'Univers vous apporte alors des situations qui contribuent à ce sentiment de bien-être et vous pouvez avancer avec Fluidité.

Un dernier point que je souhaite faire ici est que la loi de l'attraction répond à l'énergie dont sont imprégnées vos actions et non les actions elles-mêmes. Poser des actions dans la matière permet d'ancrer l'énergie de manifestation qui est absolument nécessaire. Toutefois, retenez que la partie se gagne en amont dans le monde non physique. C'est dans le pouvoir de la pensée et de l'imagination, au service de votre âme, que tout se joue. La loi de l'Attraction répond à ces vibrations émises par votre Être. Agir dans la matière dans cette même direction permet juste d'intensifier la puissance de la vibration que vous émettez. Vous n'avez donc jamais besoin de savoir comment et quand quelque chose va se passer mais simplement d'être dans la meilleure énergie possible par rapport à ce que vous souhaitez vivre et matérialiser. Ce qui compte est d'être en alignement avant tout. Faire avant d'Être vous fera aller dans le mur. C'est ce qui arrive aux personnes qui connaissent de grands échecs qui agissent avec l'égo dans un état d'esprit qui n'est pas en accord avec les lois universelles. La personne qui est prête mentalement, émotionnellement et énergétiquement ne considèrera jamais une situation inattendue ou des résultats qui ne sont pas à la hauteur de ce qu'elle espérait comme un échec. Elle verra tout cela comme une expérience de vie qui lui permet d'évoluer, de s'améliorer et de s'aligner toujours davantage sur qui elle est vraiment. Il n'y a pas de fatalité, la vie vous montre toujours la bonne voie si vous savez voir les signes. Nous reviendrons sur cette notion d'action qui n'est absolument pas à négliger lorsque nous traiterons la loi de la Croissance.

Vous avez droit de tout expérimenter. Votre personnage est libre de vivre toutes les situations qu'il souhaite. Toutefois, vous serez toujours guidé par la vibration de votre âme. Chaque fois que vous en dérivez, l'Univers vous reflète cette dérive et vous invite à revenir dans votre alignement. Lorsque l'égo prend trop de place et coupe cette communication naturelle avec l'âme, la souffrance s'installe pour votre plus grand bonheur. Le but de cette souffrance n'est autre que de vous montrer que vous n'êtes pas à votre place. Dieu vous tend alors les bras pour que vous retrouviez votre Alignement et la Fluidité à laquelle vous aspirez. Plus vous serez à l'écoute des signes et de vos ressentis, plus vous pourrez voyager léger en cette vie et pourrez créer de grandes choses de façon tout à fait naturelle.

Ce que vous devez retenir ici, c'est que la loi d'Attraction répond simplement aux vibrations que vous émettez et vous en apporte davantage. C'est en incarnant pleinement la vibration que vous souhaitez voir se matérialiser qu'elle pourra se manifester dans votre vie naturellement. Cette loi vous invite donc à Être en premier lieu, puis à Faire ce qui vous semble juste en accord avec l'énergie originelle de votre âme, et enfin vous obtiendrez naturellement ce dont vous avez besoin pour continuer sur ce chemin, vous Libérer et contribuer à l'expansion de l'Humanité.

7 GRANDES ETAPES POUR APPLIQUER LA LOI DE L'ATTRACTION

Afin d'apporter plus de clarté sur comment fonctionne la loi de l'attraction, je souhaite vous partager 7 étapes extraordinairement puissantes qui vous permettront de manifester ce que vous désirez vraiment.

1. **Définir la fréquence sur laquelle vous vous branchez**

    - On entend dire depuis la nuit des temps que le désir est la racine de toutes les souffrances humaines. Ceci est vrai seulement lorsque l'on définit le désir comme étant « *vouloir quelque chose que l'on n'a pas et penser que l'on sera satisfait, heureux, dans un état de béatitude, lorsqu'on l'obtiendra* ». Lorsqu'on définit le désir comme étant « *vouloir quelque chose que l'on n'a pas, sans prendre réellement à cœur le fait de l'obtenir, c'est-à-dire en se détachant de toute attente de résultat, et simplement d'être heureux et dans un état de béatitude maintenant, indépendamment de si on l'obtient ou non* », alors tout devient plus juste. Le résultat n'importe plus, on apprécie simplement le processus de création et non le fait d'atteindre quelque chose. A ce moment-là, ce processus du désir devient amusant. Et par conséquent on est toujours satisfait, peu importe notre situation ou condition actuelle. Vous pouvez tout avoir. Tout vous sera révélé au bon moment.

- Afin de déterminer la fréquence sur laquelle vous souhaitez vous brancher, vous pouvez vous poser cette magnifique question : « *Qu'est-ce qui me cause du tort aujourd'hui ?* » et prendre l'inverse. Imaginons que vous répondiez « *J'en ai plus que marre d'avoir du mal à payer mes factures à la fin du mois, je n'ai pas assez d'argent pour me faire plaisir et faire plaisir à mes enfants, c'est comme si j'avais le couteau sous la gorge en permanence.* ». Alors transformez cela en « *Je me sens vraiment bien et léger maintenant que je paie avec joie toutes mes factures chaque mois en constatant qu'il me reste encore beaucoup d'argent pour me faire plaisir et passer d'incroyables moments avec les gens que j'aime* ».

- Vous pouvez aussi vous poser cette simple mais puissante question : « *Qu'est-ce qui me fait ou me ferait vraiment vibrer dans ma vie ?* ». Et laissez votre imagination ou votre plume vagabonder pour vous apporter sur un plateau ce que vous désirez vraiment vivre en cette incarnation maintenant.

2. Amplifier cette fréquence et la magnifier

- Une fois la fréquence posée, le but est de l'amplifier en vous demandant notamment « *Pourquoi est-ce important pour moi de réaliser cela ?* ». Vous pouvez vous poser cette question plusieurs fois à chaque fois que vous obtenez une nouvelle réponse. Vous devriez arriver à la fin à simplement *être heureux*. Si c'est le cas, c'est que ce désir est bon pour vous. Si vous constatez qu'il vient remplir un vide ou un manque de l'ordre de l'égo, alors vous pourriez avoir à le modifier.

- Ensuite, visualisez avec autant de détails que possible ce que vous désirez en utilisant les 5 sens. Ceci vous ouvrira de nouvelles perceptions et augmentera les émotions associées à ce que vous voulez vraiment.

3. **Se connecter au champ des possibles**

- Nous l'avons vu, la pratique du silence est indispensable pour se brancher au champ des possibles. Faites silence en vous dans vos pensées, émotions, activités, et connectez-vous au vide de l'Univers, à la Source, qui contient tous les possibles, où toutes les réalités existent énergétiquement. La réalité physique telle que vous la voyez n'est qu'un choix parmi tous ces scénarios. Avant d'émettre consciemment une intention, une suggestion, une vibration, pensez à prendre quelques secondes ou minutes pour vous apaiser et entrer dans cet espace.

4. **Incarnez votre vibration pleinement ici et maintenant dans la matière**

- Voici quelques règles pour formuler votre intention ou désir de la meilleure des façons. Utilisez le pronom « Je ». Formulez votre désir comme s'il était déjà manifesté physiquement grâce aux mots magiques comme « désormais, maintenant que ». Utilisez des émotions « heureux, épanoui, merveilleusement bien ». Et aussi les compléments magiques « Ou quelque chose de mieux encore en accord parfait avec mon âme » et « pour mon plus grand bien et le plus grand bien de tous ». Reprenez l'exemple dans le point numéro 1 et vous pouvez y rajouter le complément magique.

- Visualisez-vous comme si c'était déjà présent dans votre vie. Comment êtes-vous, comment vous sentez-vous ? Comment vous comportez-vous ? Ces questions vous permettront de sentir la vibration présente dans vos cellules qui est prête à se manifester. C'est le fameux principe « *faire comme si* » qui est très puissant lorsqu'il est utilisé avec sagesse et en accord avec son âme.

- Pratiquez la gratitude par anticipation pour ce qui est en train d'arriver. Il est facile de remercier pour le toit qu'on a au-dessus de la tête. Mais puisque tout est Un et existe énergétiquement, vous pouvez remercier avant la manifestation physique. Vous pouvez ressentir de la gratitude pour ce qui est en train de se manifester dans votre vie et vous remplir de Joie à l'idée de découvrir tout cela.

- Agissez en direction de ce que vous voulez de façon à vous engager dans cette voie. L'Univers répond à tout ce pour quoi vous vous engagez physiquement car cela renforce votre vibration.

5. **Laisser œuvrer l'Univers et vous présenter les résultats dans votre vie physique**

    - Vous ne pouvez contrôler ou savoir comment les choses vont se passer et ce que la vie va vous donner. Alors laissez œuvrer l'Univers. Vous n'avez pas besoin de penser à vos désirs tout le temps. Une fois la graine plantée, contentez-vous de l'arroser régulièrement. Si le terreau est fertile, tout se passera à merveille pour vous (disons plutôt en accord avec ce que vous attendez car tout est toujours parfait).

    - Restez dans le moment présent et faites de votre mieux pour tendre dans la direction de votre choix. Ne vous tracassez pas avec le futur. Ne cherchez pas à contrôler ce qui vous arrive. Accueillez tout ce qui se présente et ce que l'Univers vous envoie.

6. **Réajuster la fréquence en permanence**

    - La vie vous délivre ce que vous demandez. Mais peut-être n'étiez-vous pas branché sur la bonne fréquence. Il peut y avoir des peurs, des doutes, des croyances limitantes, etc. Accueillez avec Plaisir ce que la Vie vous donne et réajustez le tir en fonction de vos ressentis. Ceci est un point fondamental. Ce n'est pas l'Univers qu'il faut pointer du doigt en pensant qu'il est injuste. Le monde extérieur n'est que le reflet du monde intérieur. Sachez vous remettre en question personnellement et réajuster les fréquences que vous émettez.

- Si je n'obtiens pas ce que je veux, c'est soit parce que je suis impatient et que je ne laisse pas le temps à l'Univers de m'apporter ce que je demande, soit parce que ma vibration n'est pas celle que je pense émettre. Une nouvelle fois, ne cherchez pas à contrôler. Contentez-vous de vibrer ce que vous désirez pleinement en vérifiant que vous vous sentez bien à chaque instant à cette idée, et agissez dans cette direction avec Amour et Bienveillance. C'est tout ce dont vous avez besoin pour vivre une vie épanouissante.

7. Elevez votre taux vibratoire

- Voilà un point qui peut faire peur car il est monumental. Le taux vibratoire est la vitesse moyenne à laquelle vos cellules vibrent. Plus elles vibrent rapidement, plus vous avez un haut taux vibratoire. Plus vous avez un haut taux vibratoire, et plus vous émettez une vibration moyenne constamment élevée. Ainsi, la loi de l'Attraction vous apporte toujours plus de situations et de personnes en accord avec cette vibration-là.

- Afin d'élever votre vibration, vous devez prendre soin de votre énergie physique, émotionnelle, mentale et spirituelle de façon à être en mesure de rester dans la meilleure énergie à chaque instant. Avant tout, faites tout votre possible pour vous sentir bien en permanence. Si vous vous sentez mal, transformez cela en positif. Nous verrons par la suite d'autres éléments pour transmuter l'énergie négative en énergie positive.

A RETENIR

- Deux fréquences vibratoires de même nature s'attirent irrémédiablement et naturellement. Tout comme deux fréquences vibratoires différentes ne peuvent coexister au même endroit. Tout ce qui est présent dans votre vie est le reflet de votre vibration.

- Vous devez commencer à Être, puis à Faire, et enfin vous obtiendrez naturellement. Vous devez donc toujours être centré sur votre propre vibration, celle de votre âme, et aligner vos pensées et émotions sur vos véritables besoins.

- Focalisez uniquement sur ce que vous désirez vraiment à chaque instant, sur ce qui vous fait vous sentir bien ici et maintenant, et sur l'essentiel, de façon à apporter de la Légèreté, de la Fluidité et de la Clarté dans ce que vous vibrez.

- Soyez dans l'énergie de *comme si* vous aviez déjà ce que vous voulez de façon à incarner ici et maintenant ce que vous désirez manifester.

- Lâchez prise sur les résultats. Ce qui compte est uniquement l'énergie dans laquelle vous êtes ici et maintenant. La moindre frustration face à l'absence de résultat vous fera baisser en vibration. C'est la fameuse loi de la Moindre-Résistance. Moins il y a de tension, plus l'énergie pourra circuler librement.

- Ajustez la vibration sur laquelle vous focalisez en fonction de ce que la Vie vous sert comme expérience, reflet de votre vibration.

- Prenez soin de votre énergie physique, émotionnelle, mentale et spirituelle de façon à être en mesure de rester dans le plus haut taux vibratoire possible à chaque instant.

LA LOI DU LIBRE-ARBITRE

« Nous ne sommes pas libres d'empêcher notre libre arbitre d'agir, pas plus que nous ne pouvons empêcher toute autre fonction du corps de s'accomplir suivant ses lois. Nous ne sommes pas libres de ne pas être libres. »

Claude Bernard

DEFINITION DU LIBRE-ARBITRE

Etymologie : du latin *liber* : libre ; et de *arbiter* : arbitre, juge, maître, qui dispose à son gré de, arbitre suprême.

La définition du Libre-Arbitre d'après le dictionnaire est : *l'entière liberté de faire ou ne pas faire, de choisir ou ne pas choisir selon sa volonté, par extension, l'absence de contraintes*. En philosophie, on appelle Libre-Arbitre, *la capacité dont dispose la volonté d'effectuer un choix par elle-même, en toute liberté*, c'est-à-dire la capacité à se décider pour une chose plutôt que pour une autre, par exemple entre le bien et le mal, sans influence ou stimulus ou extérieur, sans autre cause que la volonté même. La notion de Libre-Arbitre s'oppose au déterminisme ou au fatalisme pour lesquels la volonté serait déterminée par des "forces" que ne maîtrise pas l'être humain.

Il est généralement dit que le Libre-Arbitre existe puisque s'il n'existait pas, l'homme serait simplement une machine. Toutefois, et nous le verrons également avec la notion du Karma, le Libre-Arbitre est une illusion. Il y a comme des jalons posés à l'avance dans votre vie car votre âme vient vivre certaines expériences précises pour s'enrichir et contribuer au monde. Vous allez vivre ces expériences quoiqu'il arrive. Le Libre-Arbitre est là pour vous donner le choix du chemin que vous allez prendre pour vous y rendre et aussi de comment vous allez y réagir. Par exemple, vous pouvez choisir en amont de votre incarnation que vous allez rencontrer une certaine personne qui a le potentiel de transformer votre vie. Vous ne pouvez échapper à cette rencontre. Mais vous pouvez choisir votre état d'esprit, votre tenue et même l'instant et le lieu si vous êtes suffisamment conscient. Ensuite, vous aurez le choix d'entendre ce qu'elle a à vous dire et d'en appliquer toutes les pépites dans votre vie, d'en faire votre meilleur ami, de la prendre pour un illuminé qui se prend pour vous ne savez qui, de l'ignorer, de l'insulter, etc. Tout vous est possible à chaque instant mais certaines expériences doivent être vécues et se représenteront sous différentes formes tant que vous n'aurez pas intégré le message.

On peut aller plus loin dans la définition du libre-arbitre en l'expliquant de façon génétique. Le Libre-Arbitre, selon certains textes anciens, serait un gène et non pas un élément psychologique ou philosophique. C'est l'activation de ce gêne ou non qui change notre façon d'être. Ainsi l'activation du gène du Libre-Arbitre connecte à l'Amour, l'Altruisme, l'Empathie ou encore la Compassion. S'il n'est pas activé, alors l'être en question vit selon ses propres intérêts à travers des lois de compétition et de séparation où l'égo est la star. Certains êtres sont dénués de ce gêne et c'est ce qui explique qu'ils peuvent commettre des actes atroces sans avoir conscience du mal qu'ils font. Ce n'est que mon expérience mais en étant connecté à mon âme, cette définition est bien plus fluide que celle communément admise.

Pour résumer, il existe une grande confusion sur cette notion. Le Libre-Arbitre est en réalité une illusion quand on vit en Harmonie avec les lois de l'Univers. Si je suis pleinement au service de la Vie, alors je me laisse guider naturellement et je n'ai rien à décider. J'ai mon libre-choix de comment je vais faire certaines choses mais jamais de la destination qui m'est proposée par la Source pour mon plus grand bien et le plus grand bien des autres. La définition officielle du Libre-Arbitre est donc celle du libre-choix à mon sens. Le Libre-Arbitre quant à lui est un gêne qui permet d'être dans l'Amour, la Compassion, l'Altruisme et l'Unité, lorsqu'il est activé.

LA LOI DU LIBRE-ARBITRE

La Loi du Libre-Arbitre stipule que nous avons le libre-choix de décider et de faire ce que nous voulons à condition de respecter le libre-arbitre de chacun. Chacun a son libre-arbitre à chaque instant qu'il peut exercer comme bon lui semble A CONDITION de ne pas enfreindre le libre-arbitre des autres. Toutefois, cette définition n'est pas satisfaisante car comme nous le verrons avec la loi du Consentement, rien ne peut nous arriver sans notre accord. Donc le Libre-Arbitre ne peut être enfreint. On considère alors ici que dès qu'il y a intention de nuire, que ce soit consciemment ou inconsciemment, alors il y a violation du la loi du Libre-Arbitre. Et tenez-vous bien, nous l'avons tous fait de nombreuses fois. J'illustrerai tout cela par la suite pour que ce soit parfaitement clair pour vous. D'une façon générale, chaque fois que votre personnage réagit sans conscience de lui-même, alors c'est que l'égo est l'acteur de la scène et cherche son profit au détriment des autres, et ceci se fait très souvent inconsciemment. Voilà donc un premier élément à bien avoir en tête : le Libre-Arbitre ne peut être enfreint, seule la loi du Libre-Arbitre peut l'être. Ce qui se passe souvent est une double transgression de cette loi. Une personne va causer du tort à une autre et cette dernière va réagir par l'égo et vouloir également lui nuire à son tour. Ce sont des jeux d'égo qui vont à l'encontre de cette loi.

Cette loi s'applique à chacun, y compris à la Source / Dieu, qui ne nous oblige à rien. Toute personne entrant en conflit avec cette loi se verra vivre des expériences désagréables de façon à lui faire prendre conscience de ce qu'elle a fait. Ceci est de l'ordre de la loi du Karma, ou principe de causalité, qui fait que l'on subit le retour de bâton dès qu'on l'enfreint. Dans notre monde actuel où domine le pouvoir et la séparation, les personnes qui dirigent le monde imposent leur volonté, ne permettant plus aux personnes ignorantes des lois universelles de faire des choix conscients. L'ignorance est un choix et nous consentons d'une façon générale à ce qui nous est imposé. Toutefois, à chaque instant, nous pouvons nous remettre en Harmonie avec les lois de l'Univers et retrouver notre pouvoir personnel. Nous pouvons faire le choix de l'Union ou de la séparation, c'est-à-dire de l'Amour ou de la peur. Ou encore d'activer le gène du Libre-Arbitre ou non. C'est clairement un choix de tous les instants nous permettant de créer notre réalité en accord avec les lois universelles ou non.

Nous vivons actuellement l'émergence d'un nouveau monde. Difficile de dire s'il supplantera l'actuel ou non. Certaines personnes vont faire le choix de rester dans la séparation et dans l'énergie de la troisième dimension, et d'autres de vivre l'Union et l'Amour en s'harmonisant avec le potentiel des dimensions supérieures. Cela va créer deux mondes différents. Il est probable que les personnes qui choisissent la séparation devront changer de plan pour continuer leur création tandis que les autres pourront vivre l'Unité sur Terre.

Si nous restons en Harmonie avec les lois spirituelles de l'Univers, c'est la Libération et la jouissance de l'être qui nous ouvrent grand leurs portes assurant bonheur et « réussite », et permettant d'exercer notre mission de vie de façon naturelle. Tout nous sera donné dans le plus parfait équilibre pour exprimer pleinement qui l'on est, en toute liberté. En revanche, si nous en dévions et imposons notre volonté aux autres en restant dans l'énergie de l'égo et de la séparation, alors la Vie s'emploiera à nous remettre à notre place et à nous faire vivre le manque et la limitation, de façon à retrouver le juste équilibre. L'Univers fera tout son possible pour nous faire retrouver notre Essence à travers différentes expériences destinées à prendre conscience de Soi.

Tout est sous l'influence du Libre-Arbitre car l'Univers ne force personne à évoluer. Il nous invite à cela mais nous pouvons aussi faire le choix de vivre le manque ou encore de nourrir les forces de l'ombre qui créeront un équilibre avec la Lumière. Certaines âmes œuvreraient d'ailleurs pour l'ombre en toute conscience dans ce schéma-là. A chaque instant, nous pouvons opter pour l'Amour ou la Peur, ou encore l'activation du gêne du Libre-Arbitre ou non. C'est aussi ce que nous appelons l'Abondance qui correspond à être dans le flux de la vie, ou l'inverse qui est de vivre le manque sur différents plans. Nous pouvons choisir de respecter les lois universelles ou d'aller à leur encontre. Ce choix est souvent inconscient mais encore une fois l'ignorance est un choix dans notre société. Beaucoup de personnes choisissent de vivre dans le déni. Elles ont tellement de croyances ancrées et de limitations qu'elles réfutent toute nouvelle vérité sans même se poser de question.

La loi du Libre-Arbitre fonctionne également en lien avec la loi de l'Unité qui stipule qu'une âme n'a pas le droit de rester indéfiniment dans un sens d'identité limité d'humain. Nous pouvons alors créer n'importe quelle identité ou étiquette de type victime, agresseur, égoïste, rebelle, invitant naturellement à la peur, au contrôle, au déni, à l'attachement, etc. Je peux aussi m'attacher à mon rôle dans la société, ma profession, à ce que les autres pensent de moi, à mes croyances, et ainsi de suite. Mais en aucun cas, ces états doivent être perpétuels. La volonté de l'Univers est de croître sans cesse et de pousser chaque âme à faire de même. C'est aussi ce que l'on appelle la loi de Transcendance de Soi ou encore loi de Croissance. Cela empêche la stagnation qui serait un blocage des énergies divines. C'est pourquoi la Loi du Libre-Arbitre stipule aussi que l'âme a une certaine période de temps ou un certain nombre de vies pour se transcender. Si l'âme refuse de croître ou de se transcender en abandonnant son sens d'identité limité, son opportunité d'évolution serait perdue à travers son libre-choix. Cette information est à prendre avec des pincettes car Dieu / l'Univers ne souhaite que le meilleur pour Sa création mais chacun est libre de s'identifier encore et encore à ce qu'il n'est pas, bloquant ainsi le processus d'éveil ou de Libération. Si vous lisez ces lignes, c'est que vous êtes sur ce chemin de croissance et que vous êtes aux portes de votre expression pleine et totale.

La loi du Libre-Arbitre nous ramène à notre propre responsabilité et à notre attitude face à tout ce qui nous arrive. Cela demande beaucoup de Lucidité et de Présence afin de rester dans son alignement et de rester au service de la Vie sans jamais entrer dans le jeu de l'égo. L'égo souhaite survivre et nous fait réagir négativement dans certaines situations, nous poussant à juger l'autre, à être dans le refus ou le déni, ou encore à entrer dans la violence. Par ces actes égotiques, il est facile de violer la loi du Libre-Arbitre en prenant personnellement ce que l'on subit. Je ne suis jamais responsable de ce que les autres me font mais toujours de ma propre réaction. J'ai toujours le choix de réagir par peur ou par Amour. Tant que la disharmonie règne en soi, on est confronté à des personnes et des situations qui vont nous dérouter de façon à prendre conscience de cette disharmonie intérieure.

Si une personne se met en colère contre moi, me violente ou m'énerve simplement par ses actes, décisions ou paroles, alors il m'appartient de réagir dans l'Amour ou dans une facette de l'égo. L'autre viole la loi du

Libre-Arbitre par ces actes-là mais je peux aussi la violer à mon tour instantanément par ma propre réaction. Si le monde extérieur impacte mon monde intérieur et que je réagis vivement, alors je viole la loi. Ainsi, je ne comprends pas la leçon que la Vie souhaitait me faire entendre et je suis « condamné » à revivre une expérience de même nature pour me le faire comprendre.

Toute action punitive n'entre pas en accord avec les lois naturelles. Punir un enfant qui a mal agi ne le sert ni lui ni vous. Lui faire comprendre pourquoi ce n'est pas bien et comment il pourrait faire mieux est une attitude qui vous bénéficiera à tous les deux. Ensemble, on peut être beaucoup plus forts. Construire à plusieurs ou se détruire les uns les autres est un choix avant tout. L'un élève l'âme, l'autre l'enferme.

Grosso modo, toute réaction de l'égo nous fait enfreindre la loi qui se « retourne contre nous »[12]. La vie nous donne alors l'opportunité de nous rendre compte de cette « erreur » par différentes situations potentiellement désagréables pour nous ouvrir les yeux et pour nous faire intégrer une leçon essentielle à notre élévation spirituelle.

Cette loi est hautement spirituelle et nous aide simplement à nous Libérer de tout conditionnement et rôle. Le but est de tendre vers son

---

[12] Chaque fois que des termes sont entre guillemets, c'est parce qu'ils expriment un jugement qui me permet d'illustrer un propos. Toutefois, du point de vue de l'Unité, il n'y a jamais de bien, de mal, de punition, de réussite, d'échec ou encore d'erreur.

respect total dans l'attitude de non-réaction. Il faut comprendre que chacun a toujours le choix et que le choix le plus juste dans notre propre évolution est celle de l'écoute du cœur et de l'intention pure. Les personnes complétement déconnectées d'elles-mêmes et très matérialistes subissent de plein fouet cette loi. Pour les personnes ouvertes comme vous, cela demande d'avancer en pleine conscience à chaque instant et de simplement laisser la Vie s'exprimer à travers Soi. En d'autres termes, c'est laisser s'exprimer l'énergie divine, l'Essence de Dieu ou l'Intelligence Cosmique, à travers son corps physique.

Toute situation en soi est complètement neutre. Ce qui lui donne un caractère bien ou mal est seulement l'interprétation qu'on en fait. C'est notre propre jugement à travers nos croyances, nos expériences et nos filtres qui nous permet d'identifier une situation comme bonne ou mauvaise. En réalité, elle n'est jamais bonne ou mauvaise, cela ne signifie pas pour autant qu'elle ne puisse pas être nourrie de mauvaises intentions et être dévastatrice. Cela ne nous donne pas le droit de commettre ces actes sans violer les lois de l'Univers. Toutefois, nous pouvons les commettre en toute responsabilité et la vie se chargera de rétablir l'équilibre et de nous faire passer les épreuves nécessaires pour que l'on revienne sur notre véritable voie. A partir de là, c'est en notre âme et conscience de comprendre pourquoi ces situations se présentent et de les accueillir avec Amour et Bienveillance, ou alors de pester et de réagir négativement, ce qui générera d'autres expériences de même nature jusqu'à ce que nous intégrions les précieux messages d'éveil qu'elles contiennent.

Un dernier point à saisir est que l'on ne peut prendre soin que de soi-même. On ne peut aider ou sauver quelqu'un contre sa volonté. Chacun doit discerner la situation dans laquelle il vit et prendre des décisions selon son niveau de conscience et de connaissance de la situation. Beaucoup de personnes spirituelles souhaitent aider leur entourage à s'éveiller. C'est une belle action en soi mais ceci doit rester de l'ordre de l'intention la plus pure. Si j'essaie de forcer les choses alors que mes proches ne souhaitent pas entendre ces messages ou être aidés, alors je suis en violation de la loi du Libre-Arbitre car je ne suis pas dans une intention pure. Ne forcez jamais qui que ce soit à faire quelque chose ou à être différent. Vous pouvez simplement être dans l'intention d'aider et montrer l'exemple. Ceci inspirera naturellement les personnes prêtes à suivre ce chemin-là. Retenons que tout ce que nous avons à faire est de faire de notre mieux à chaque instant et que chacun fait toujours de son mieux en fonction de son passé, de ses expériences et de son niveau de conscience actuel.

Ce qu'il faut comprendre avec la Loi du Libre-Arbitre, c'est qu'il importe peu à l'Univers que nous fassions des erreurs de par nos choix et nos actions, même si ces erreurs sont considérées comme graves selon les normes humaines. Il n'y a pas de bien ni de mal. Tout est expérience. Ce qui importe vraiment, c'est que nous utilisions chaque erreur, chaque violation d'une loi de l'Univers, pour apprendre et avancer toujours davantage vers notre Libération. Toutefois, on peut également refuser de grandir et d'apprendre, et c'est une vie de souffrance qui nous attend jusqu'à ce que nous en prenions conscience. Pour illustrer cela, on peut citer ces personnes qui vivent l'horreur dans des conditions de santé déplorables, allant jusqu'à des états avancés de cancer pour finalement guérir en l'espace de quelques semaines suite à de grandes prises de conscience. Rien n'est grave et la Vie nous poussera toujours à nous perfectionner et retrouver notre véritable Essence. On a donc le droit de faire toutes les erreurs possibles puisque ces erreurs nous permettront d'apprendre et de révéler pleinement qui l'on est par la suite.

Un dernier paragraphe ici pour parler de cas particuliers. Il faut distinguer les difficultés que certaines personnes se sont imposées avant de s'incarner. Certaines personnes choisissent de vivre de graves maladies ou un handicap toute leur vie. Ce sont les âmes les plus vaillantes en réalité car elles se donnent ces « malus » afin d'expérimenter d'une certaine façon et d'apprendre encore plus rapidement que si elles étaient en pleine possession de leurs moyens. Cela peut aussi être issu d'un karma à nettoyer et la Vie leur impose une situation à vivre qui peut être difficile pour connaître des prises de conscience libératrices. Tous les cas sont possibles. Un autre cas concerne les personnes qui ne peuvent avoir recours à toutes leurs facultés de penser à cause d'une maladie mentale. Ces personnes-là sont clairement sur Terre pour apprendre à se soumettre car elles ont certainement abusé de cette faculté par le passé. Encore une fois, il y a de nombreuses options possibles, il n'y a personne à juger et chaque chose est juste et à sa place à chaque instant dans l'Univers.

EXEMPLES DE VIOLATION DE LA LOI DU LIBRE-ARBITRE

Je me dois de repréciser une chose ici avant de passer aux exemples. En réalité, il ne peut y avoir violation que de la loi du Libre-Arbitre et non du Libre-Arbitre lui-même. Comme nous le verrons avec la loi du Consentement, seul ce que nous acceptons peut nous arriver. Cela signifie que si quelqu'un semble nous nuire, c'est que nous lui laissons les portes ouvertes pour cela. Bien sûr, des manipulations peuvent être faites par certaines personnes pour arriver à leurs fins. Ces personnes violent alors la loi du Libre-Arbitre puisqu'elles nuisent à autrui. Voici quelques exemples de violation de la loi.

- Je dis quelque chose à quelqu'un dans une intention de lui nuire, de lui faire ressentir la culpabilité, la colère ou la peur. Dans ce cas, je viole la loi du Libre-Arbitre.

- Ensuite, cette personne peut à son tour m'en vouloir et ressentir de la colère à mon égard. Dans ce cas, elle est dans une intention (même inconsciente) de me nuire, par la vengeance ou le fait de me faire culpabiliser, et viole la loi à son tour. Elle peut également accueillir cette colère et prendre sa responsabilité pleine et totale en me remerciant de réveiller ce loup endormi en elle. Dans ce cas, elle se permet de se Libérer de cette situation et n'aura plus à la vivre par la suite.

- Un ami me parle de sa nouvelle idée de business et je monte le business à sa place. Je sais que je lui nuis intentionnellement dans ce cas bien que ce soit mon droit car implicitement, cet ami me faisait confiance en me confiant son projet. Je suis donc en violation de la loi du Libre-Arbitre de par la relation de confiance que nous avions construite et qui est désormais bafouée. S'il réagit « négativement » à cela en m'attaquant, il viole la loi à son tour puisqu'il cherche à se venger. C'est son égo qui réagit ici.

- Toutes les blessures que l'on peut avoir (abandon, humiliation, etc.) n'existent que parce que l'on a refusé de prendre sa responsabilité face à une situation et que l'on a bloqué la circulation naturelle de l'énergie de l'émotion. J'ai toujours le choix entre projeter l'émotion sur l'autre, la réprimer et la garder pour moi, ou l'accueillir et l'accepter en l'exprimant naturellement.

- Les élites qui contrôlent le monde connaissent ces enseignements et n'enfreignent quasiment jamais la loi du Libre-Arbitre directement. Elles utilisent des intermédiaires en leur donnant carte blanche pour réaliser un plan. Toutefois, elles sont dans l'intention de nuire et de contrôler ce qui les empêchent de se libérer de l'égo, malgré leurs connaissances et leur maîtrise de l'art de manifester ce qu'elles désirent dans la matière. On peut penser que les élites du monde violent notre

Libre-Arbitre en imposant les guerres, les abattoirs, les produits chimiques, etc. Toutefois, on accepte tout cela par des signatures, en payant nos impôts, en regardant certains médias, en donnant notre argent aux banques, etc. Ceci est de l'ordre de la loi du Consentement qui va de pair avec la loi du Libre-Arbitre qui permet d'expliquer pourquoi il n'y a jamais violation du Libre-Arbitre mais seulement de la loi en question.

COMMENT VIVRE EN ACCORD AVEC LA LOI DU LIBRE-ARBITRE

Il y a différents mots à retenir pour être pleinement en accord avec cette loi. Le premier est celui de l'INTENTION PURE à travers le RESPECT de toute forme de vie et de tout ce qui est à chaque instant. En étant dans l'intention la plus pure d'être au service de la Vie et de respecter les autres et soi-même, on ne peut entrer en conflit avec cette loi. Il s'agit ici de ne jamais être dans l'intention de nuire à quoi que ce soit.

Ensuite, c'est la notion de DETACHEMENT de toute situation passée, présente et à venir. En ne prenant pas personnellement ce qui nous arrive, on se permet de s'en détacher et de ne pas réagir comme si l'on souhaitait sauver notre peau. On reste dans la justesse et centré sur le cœur. La pratique du pardon peut être salvatrice afin de défaire les liens karmiques avec les autres et avec les situations désagréables du passé. Nous traiterons ce sujet par la suite.

Dans la logique des accords toltèques, c'est aussi de ne pas faire de supposition par rapport à une situation déjà vécue dans le passé et projetée sur un futur hypothétique. Ces suppositions nous sont souvent néfastes et nous poussent à juger et à jouer un rôle égotique sans connaître la vérité.

Puis la notion de RESPONSABILITE pour entendre que chacun a la sienne et que je ne dois pas prendre la responsabilité de la réaction des autres. Je peux faire tous les choix à condition de ne pas nuire à l'autre et si l'autre réagit mal, ce n'est pas ma responsabilité. J'ai le droit de dire ce que je pense et de faire tout ce que je veux tant que je suis dans une intention pure. Attention toutefois à certains actes que l'on peut penser bons alors qu'ils ne le sont pas. Un exemple marquant serait les sacrifices humains ou d'animaux que certains peuples ont fait dans l'Histoire. Ils pensaient bien faire alors que ces actes sont justement anti-vie et dans le non-respect de la Vie. Il s'agit ici d'être dans la justesse et l'écoute de son cœur pour savoir si nos actions sont cohérentes et en accord avec les lois universelles. Je prends conscience désormais que je crée ma réalité d'A à Z. Je suis donc pleinement responsable. Cette responsabilité me redonne mon pouvoir créateur ! Ecrivez ou dites à voix haute maintenant pourquoi vous vous sentez pleinement créateur et responsable de votre vie.

Il ne faut pas oublier la notion d'ENGAGEMENT. Par exemple, si ma femme me trompe, c'est son libre-choix. Mais attention car elle brise un engagement ou pacte entre nous, voire un mariage, qu'elle subira à son tour par la suite par la loi du Karma. Dans ce cas-là, à mon tour d'ACCEPTER cela et de ne pas réagir par l'égo qui me ferait violer la loi du Libre-Arbitre de la même façon car si la Vie me fait vivre cette expérience, c'est que j'ai besoin de comprendre quelque chose afin de m'alléger. Nous sommes ici dans un cas très complexe. D'une certaine façon, votre âme consent à vivre cette injustice pour mettre en lumière une blessure d'injustice, voire de séparation. Toutefois, la situation est neutre en soi et existe simplement parce que vous lui permettez d'exister et pour mettre en lumière vos propres zones d'ombre. Toutefois, il y a violation d'un accord entre vous, ce qui causera pour l'autre une dette karmique qu'elle devra purger à son tour. Il est probable qu'elle vive à son tour une tromperie sous une forme ou une autre afin de mettre en lumière ce avec quoi elle n'est pas au clair.

Ce qui est important à retenir, c'est qu'un choix de ma part ne cause pas de tort à autrui si je suis dans une intention pure. En revanche, l'autre peut être blessé de par ses expériences passées, ses croyances et son état de conscience actuel. Sa réaction lui appartient et c'est sa responsabilité. Il a ensuite toujours le Libre-Arbitre en réagissant par Amour ou par Peur. C'est son chemin que de comprendre l'acceptation de tout ce qui est pour évoluer en conscience. Je retiens à partir de maintenant que ce qui compte vraiment est d'être centré sur le cœur et de ne jamais être dans l'intention de nuire, que ce soit à moi-même, aux autres à travers mes paroles et actes, ainsi qu'à la nature et tout ce qui m'entoure. Tout est juste et parfait à chaque instant.

A RETENIR

- La loi du Libre-Arbitre me permet de me détacher du personnage que je joue en cette vie et de me centrer sur le cœur dans l'intention la plus pure à chaque instant.
- Le Libre-Arbitre est tel un gêne qui permet de faire preuve d'Amour, de Compassion, d'Altruisme, de Partage et d'Union, lorsqu'il est activé. S'il ne l'est pas, l'égo, la compétition, la séparation et la peur sont mis en avant.
- Je n'ai pas à me soucier de la réaction de l'autre car ce n'est pas ma responsabilité. Je ne peux violer le Libre-Arbitre de quelqu'un puisqu'il donne toujours son consentement de façon consciente ou inconsciente.
- Je me dois d'accepter tout ce qui m'arrive et tout ce que les autres me font subir comme des expériences de vie qui reflètent ma vibration dominante et que je peux choisir de changer.
- Je me détache de toute situation ou personne car rien n'a vraiment d'importance si ce n'est de rester en lien avec l'Essence et dans ma libre-expression.
- Je respecte mes engagements qui sont comme des signatures énergétiques. Chaque engagement peut être brisé par une simple communication. S'il est brisé sans que l'autre n'en ai été

informé, alors cela se retournera contre moi pour me faire comprendre ce que j'ai fait subir et me centrer sur le cœur.

LA LOI DU KARMA ET DE LA RELATIVITE

« La façon dont les gens vous traitent représente leur Karma. La façon dont vous réagissez représente le vôtre. »

Wayne Dyer

DEFINITION DU KARMA

Le Karma n'est pas la loi du Karma tout comme le Libre-Arbitre n'est pas la loi du Libre-Arbitre. Karma, en sanskrit, signifie *action*. Le Karma n'est autre que la somme des actions d'un individu. Toutefois ceci est très réducteur. Ces actions sont les fameuses causes qui engendrent des effets. Ce qui compte avant tout sont les intentions car une action peut être nourrie d'intentions différentes. Le premier sens étymologique du terme *action* est d'ailleurs *l'action de grâce* définie comme un « *remerciement, témoignage de reconnaissance adressé à Dieu* ». Je peux donner de l'argent à un sans-abri avec pitié ou par devoir de bon citoyen, et je peux le donner avec une grande Joie dans mon cœur sans raison et sans attente. Ceci crée un Karma très différent. Ce ne sont donc pas les actions qui comptent vraiment mais l'intention initiale qui a fait naître cette action et dont elle sera nourrie. De façon plus précise, le Karma représente la somme des intentions passées, présentes et futures d'un individu, puisque le temps linéaire n'existe que dans la troisième dimension.

Il est à bien clarifier avant tout qu'il n'y a pas de bon ou de mauvais Karma car ceci n'est qu'un jugement d'humain à vision limitée. Il existe seulement une mémoire des causes/intentions générées par un individu, qui créent des effets. Votre Karma impacte directement sur les effets à venir de votre vie en vous proposant des situations à vivre qui le mettront en lumière et vous permettront de vous en libérer.

A noter également qu'il existe du Karma collectif. On peut donc porter un Karma familial mais aussi le Karma d'une ville, d'un pays et simplement de la planète qui est nourri d'intentions et de pensées collectives que l'on appelle égrégores.

Cela étant dit, passons du côté de l'Unité. Tout comme le Libre-Arbitre, le Karma est en réalité une illusion qui est une manipulation des forces sombres pour nous empêcher de libérer nos capacités naturelles. Le Karma n'existe que parce qu'on le fait exister et peut être transmuté ou libérer instantanément à partir du moment où l'on vit dans le moment présent et en conscience du principe d'Unité. Nous allons faire la lumière sur ce sujet que très peu comprennent vraiment.

LA LOI DU KARMA

La loi du Karma fait également partie des lois universelles. Cette loi nous dit que l'on récolte toujours ce que l'on sème. Chacun de nos actes est une cause qui induit un effet. Ainsi, chacun d'entre nous avons ce qu'on appelle un bagage karmique qui comprend notre Karma, c'est-à-dire toutes nos *actions*[13] passées, actuelles ainsi qu'à venir. La loi du Karma est aussi appelée loi de cause à effet : *Tout effet est la résultante d'une multitude de causes.* C'est également la parole d'Ezéchiel[14] dans la Bible : « *On récolte ce que l'on sème.* ». Les effets que l'on s'apprête à vivre dans notre vie sont issus des causes que l'on a engendrées et qui sont multiples.

L'Univers fonctionne comme une balance énergétique avec des flux permanents. Tout ce que vous vivez aura une conséquence sur votre vie par la suite. L'immense majorité d'entre nous possède encore ce que l'on appelle des dettes karmiques que nous nous devons de nettoyer. Cela se matérialise concrètement par des situations souvent désagréables puisque nous devons « payer », d'une façon ou d'une autre, ce que nous avons mal fait par le passé. Ce n'est, en soi, ni positif, ni négatif. Vous devez simplement comprendre que les situations que vous vivez sont là pour vous apprendre quelque chose, vous faire prendre conscience de certaines choses essentielles et pousser votre âme à se Libérer de ce qui l'entrave.

La loi du Karma implique que nous avons 100% de responsabilité dans nos intentions et actions. Tout ce qui vient à notre esprit et que nous concrétisons est de notre responsabilité. Chacun est toujours libre de ses intentions d'après la loi du Libre-Arbitre. Je peux toujours choisir d'agir ou de réagir par Amour ou par la Haine ou la Peur. A chaque

---

[13] Entendez ici « l'intention derrière l'action »
[14] Prophète ayant vécu au VIe siècle av J.C.

instant, vous décidez de vos choix. Ces choix sont les causes qui créent des effets. Et chaque situation que vous vivez est toujours la résultante d'une multitude de causes. On entend parfois dire, à l'image de Paulo Coelho dans l'Alchimiste : « *Tout l'Univers conspire à nous permettre de réaliser notre rêve.* ». Tout est synchronicités et suite d'événements nous poussant dans une certaine direction. L'Univers est toujours là pour nous ramener à notre Essence et notre Pleine Expression totale et sans compromis. C'est l'Expression de qui Je Suis. Toutefois, le mental prend souvent les devants et occulte les signes que nous envoie la vie, nous enfermant dans le contrôle permanent. Ainsi, on ne peut laisser s'exprimer le souffle Divin à travers soi.

Le but de la loi du Karma est la Libération de l'âme pour pouvoir s'exprimer pleinement en cette expérience de vie. La connaissance de cette loi permet de faire des choix plus justes et plus conscients, nous ramenant sur un chemin de paix où nous ne subissons plus les différents aléas de la vie. Nous devenons alors pleinement Créateur de notre Réalité puisque l'on est conscient que tout ce qui vient à nous est là pour nous aider dans notre propre évolution. L'extérieur n'est que le reflet de ce qu'il y a en moi et existe dans le but de me faire prendre conscience de ce que je vibre afin de me perfectionner. L'objectif est donc de me détacher de l'illusion que maintient l'égo qui crée une réalité conditionnée à travers le filtre de mes propres croyances, et de vivre chaque expérience en étant dans la plus pure intention. Vous êtes donc un créateur de causes et, par conséquent, un créateur d'effets. Chacun de vos choix devraient être pris en conscience et en alignement avec qui vous êtes vraiment. Ainsi vous pouvez choisir les effets à venir dans votre vie, à condition d'être dans votre plein Alignement.

La loi du Karma vous présente des situations vous permettant de vous améliorer ou de retrouver qui Je Suis. Le Karma n'a plus sa raison d'être si je suis pleinement dans l'Être et l'action inspirée à chaque instant. Donc en soi, il n'existe pas. Pourtant, le mental le fait exister de par ses intentions dérivantes. Une phrase dont je n'ai pu retrouver l'auteur exprime bien cela : « *Le Karma ne concerne que ce qui est mortel, du monde de la forme, et je n'ai pas de temps à perdre avec ça.* »

Ce qu'il faut également comprendre est que l'on est sans cesse cocréateur de la réalité. Si je me fais agresser ou cambrioler, je suis cocréateur de cette expérience. Pourquoi l'agresseur me choisirait comme victime alors que nous sommes des millions à sa portée ? Pourquoi le *hasard* ferait que cela tombe sur moi ? Il n'y a pas de hasard. Il y a seulement des causes créant des effets et j'attire à moi à chaque instant des personnes et situations qui me permettent d'avoir un reflet de ce qui se passe en moi. A chaque instant, j'ai le choix de ma réaction face à ce que la Vie m'envoie. Vous l'aurez compris, c'est le choix entre l'Amour et la Peur, l'Être ou l'égo, la Vie ou l'anti-vie. Si je me fais agressé, c'est que j'ai entretenu des vibrations que l'on peut appeler ici émotions, qui ont créé des circonstances propices à cette agression. Par exemple, si je vis dans la peur de perdre ce que j'ai durement acquis, l'Univers va me proposer des situations en cohérence avec cette vibration, comme un cambriolage qui va exacerber cette peur, la mettre en lumière. Si je prends la responsabilité de cet événement en prenant conscience que j'ai participé à cette création, cela me permet alors de changer ma vibration et de ne plus avoir besoin de vivre ce scénario.

La Peur entre en résonnance avec les fréquences de l'égo créant ou renforçant la disharmonie, le désordre, la destruction de soi et de l'autre. Elle donne naissance à des réactions de haine, de frustration et de violence, voire d'impuissance dans le pire des cas. Si nous agissons dans une intention négative, nous récolterons des conséquences négatives[15]. L'énergie de nos intentions entre en résonnance avec tout ce qui est de même fréquence, nous apportant davantage de cela par la loi de l'attraction.

L'Amour entre en Harmonie avec les lois naturelles de l'Univers ouvrant à l'accueil de tout ce qui est. Elle rétablit l'Harmonie et la connexion à Soi et aux autres. L'Amour permet de transmuter naturellement toute expérience perçue négativement en leçon de vie afin que l'âme puisse se révéler toujours davantage et s'exprimer pleinement. Si nous effectuons des actions positivement intentionnées, nous récolterons des conséquences positives et nos intentions pures entreront en résonnance avec tout ce qui est de même fréquence, nous apportant davantage de cela par la loi de l'attraction.

Tout est une question d'intention.

---

[15] *Négatif* dans ce cadre concerne une action égoïste dans le désir de sécurité ou de nuire.

Je souhaite ici faire un rapide point sur la loi de la relativité qui stipule que chaque personne reçoit une série de problèmes, d'épreuves, d'initiations à vivre dans le but de magnifier la Lumière en Soi. Chacune de ces épreuves est tel un test destiné à voir si nous pouvons rester connecté à notre cœur, même dans des situations compliquées à vivre. Telle est la voie de la Libération. Lorsque l'on peut rester dans la plus belle énergie et dans l'action inspirée quoi qu'il arrive, alors toutes les portes s'ouvrent pour soi. *Le Christ reste toujours le Christ*. Je peux rester moi-même dans mon Essence quoiqu'il arrive, quoi que me reflète le monde extérieur.

Cette loi nous apprend également à comparer nos problèmes à ceux des autres de façon à relativiser. Peu importe à quel point nous pensons notre situation mauvaise, il y a toujours quelqu'un dans une position pire. Tout est relatif. Ceci est de l'ordre de l'égo qui se met au service de l'âme car cela permet de relativiser et de revenir dans une belle énergie. Imaginons que vous soyez au régime et que vous craquiez sur un dessert sucré non autorisé dans votre démarche, alors vous pouvez penser à ces millions de personnes en surpoids qui mangent 10 hamburgers par jour. Cela ne va pas vous élever spirituellement mais vous faire relativiser sur le fait que vous n'avez pas à être parfait à chaque instant, que vous êtes en chemin et que vous avez simplement à vivre votre expérience de vie en faisant de votre mieux.

4 REGLES A SUIVRE AFIN DE VIVRE EN ACCORD AVEC LA LOI DU KARMA

1. *Accueillir toute situation et en prendre la responsabilité*

La loi du Karma nous fait travailler sur nos réactions. Tant que vous réagissez négativement aux situations que la vie vous présente, vous ne pourrez avancer dans votre chemin de vie.

Tout ce que vous vivez est comme une demande de votre âme afin de s'alléger et vous faire prendre conscience, en tant que personnage, des leçons essentielles que votre avez besoin d'intégrer sur votre chemin d'évolution. Le monde extérieur est toujours un reflet de ce qu'il y a en soi, alors nul besoin de blâmer les autres ou vos situations de vie. Tout est juste ici et maintenant pour vous faire progresser. Alors accueillez simplement tout ce qui vient. Soyez dans une Gratitude sans limite de ce que la Vie vous propose de vivre. Tout est expérience. Tout peut être vu comme un cadeau du Ciel. Le but dans la vie n'est pas de se sentir bien quand tout va bien et mal quand ça semble aller mal. C'est à vous d'être en Paix en votre monde intérieur de façon à ce que votre monde extérieur s'aligne sur cette réalité.

2. *Avoir conscience des conséquences de vos choix et Agir dans une intention pure*

Quelles seront les conséquences de mon choix ? Ce choix sera-t-il source de bonheur, pour moi comme pour ceux qui m'entourent ? Bénéficiera-t-il au monde qui m'entoure ?

Vous pouvez faire tous les choix à chaque instant. Vous pouvez décider de partir à l'autre bout du monde et de laisser votre famille en plan. Et vous pouvez imaginer les conséquences d'un tel choix. L'incompréhension et la colère de vos proches risque d'être présente. Vous n'êtes pas responsable de leur réaction mais si vous savez qu'il en sera ainsi, c'est comme si vous contribuiez à nourrir des égrégores d'incompréhension et de colère. De plus, vous brisez une forme d'engagement dans ce cas avec votre famille qui attend de vous une présence. Donc chaque fois que vous prenez une décision, vous devez avoir conscience des conséquences et minimiser leur impact « négatif ».

L'objectif est d'être pleinement dans la justesse. Si vous sentez que vous devez prendre cette décision difficile dans votre vie, préparez le terrain de façon à ce que cela se passe de façon fluide. Votre entourage ne comprendra pas toujours vos agissements et ce n'est pas une raison pour ne pas continuer. Vous seul savez ce qui est bon pour vous mais assurez-vous que ce soit fait dans la meilleur énergie et sans nuire aux autres.

3. *Etre en alignement avec chacun de mes choix et l'action spontanément juste*

Est-ce que je suis à 100% d'accord avec cette décision ? A quel point le choix que je fais est en alignement avec qui Je Suis vraiment ? Par exemple, de nombreuses personnes souhaitent partir à l'autre bout du monde, se dorer la pilule au soleil. Pourtant, ce désir est souvent une volonté de fuite face aux difficultés de la vie.

Cela nous amène à *l'action spontanément juste*. A chaque instant, vous avez le choix de l'action spontanément juste qui est la seule action pleinement alignée avec votre âme. C'est lorsque vous vous abandonnez à la vie et que vous vous laissez traverser par le souffle vivant que vous pouvez être pleinement en Harmonie avec la Vie et dans vos actions. Il n'existe qu'une seule action, qu'une seule décision, à chaque instant qui puisse être pleinement en accord avec qui vous êtes. Vous l'aurez certainement compris, c'est le choix de l'Amour et du lâcher-prise total qui vous permet de vous exprimer pleinement sans filtre. A vous de savoir si vous souhaitez activer le gène du Libre-Arbitre afin d'être dans cette énergie d'Amour et d'Abondance ou si vous préférez jouer la sécurité. Ce choix est souvent fait inconsciemment. Vous pouvez consciemment faire le changement et vous aligner sur ce que vous désirez vraiment créer maintenant.

Je ne peux que vous inviter à affuter votre conscience vis-à-vis de ce que vous faites à chaque instant. Vous savez que certaines activités ne sont pas constructives ni pour vous ni pour personne. Il ne s'agit pas d'être parfait et irréprochable encore une fois mais de faire votre maximum pour être à votre place à chaque instant et réaliser ce pour quoi vous êtes venu sur Terre.

4. *Prendre les meilleures décisions possibles*

Evidemment, prendre une décision s'avère parfois terriblement difficile. Vous pouvez faire cet exercice de visualisation qui consiste à vous projeter dans la situation comme si vous aviez pris votre décision en vivant ce scénario comme si vous y étiez. Déterminez alors comment vous vous sentez avec les différentes conséquences de cette décision. Vous pouvez également avoir plusieurs scénarios. Cela peut être les scénarios « *J'y vais* » et « *J'y vais pas* » mais cela peut aussi être « *Je crée ma société seul* », « *Je m'associe avec mes potes* », « *Je crée une association* » et voir dans chaque situation projetée dans le futur comment vous vous sentez.

Ensuite, apprenez à écouter votre corps qui vous parle. Chaque fois que vous vous apprêtez à prendre une « mauvaise » décision, votre corps est tendu. Il ne peut en être autrement, votre corps vous parle à chaque instant. Apprenez à l'écouter et à déterminer les zones qui se bloquent naturellement (plexus, gorge, estomac, mâchoires, épaules, etc.). Développer cette écoute est capital et nous pouvons tous le faire facilement. C'est une question de conscience et d'écoute de soi. Parfois, vous prenez une décision basée sur une réflexion mentale alors que vous sentez intérieurement que vous ne devriez pas faire les choses de cette façon. Vous savez que ce n'est pas la bonne décision. Vous pouvez sentir votre corps se tendre et votre cœur dire non. Sachez mettre le mental de côté, ou plutôt le mettre au service du cœur. Car le cœur, et le corps par extension, a toujours raison. Vous pouvez vous aider de cette phrase très parlante : « *Le mental fait un bon serviteur mais un bien mauvais maître.* ».

Vous pouvez aussi apprendre à vous faire des tests musculaires, aussi appelés kinesthésiques, utiliser un pendule, ou encore faire appel à vos guides. Cela va plus loin que le thème de cet ouvrage mais vous saurez vous laisser guider vers ce qui résonne le plus pour vous.

COMMENT PAYER SES DETTES KARMIQUES ET TRANSMUTER SON KARMA

Comme nous l'avons vu, le Karma devient une illusion quand on vit dans le moment présent. Toutefois, il est bon de savoir comment faire cette transition et d'accepter ce chemin que nous faisons tous pour s'alléger et se Libérer naturellement. Voici donc les 3 façons possibles que vous avez de purger votre Karma.

1. Payer ses dettes dans la souffrance

La première façon n'est pas recommandée du tout car elle consiste à payer ses dettes de façon inconsciente en vivant chaque jour comme la plupart des gens. La plupart des gens choisissent de subir des épreuves difficiles à vivre. Ce n'est jamais un choix conscient bien sûr car en connaissance de cette loi, on comprend que tout arrive pour une bonne raison et pour nous aider. Nous choisissons toujours ce que nous faisons dans la vie. Rien ne nous oblige jamais à faire quoi que ce soit. Nous seuls décidons à chaque instant et nous avons l'entière responsabilité de nos actes, et donc de notre bagage karmique. Bien évidemment, une épreuve difficile appréhendée dans une mauvaise énergie peut créer d'autres dettes karmiques ou renforcer les actuelles, et c'est ainsi que beaucoup vivent toujours selon les mêmes schémas de vie. Dans ce cas-là, vous subissez votre vie au quotidien. Vous pensez que tout ce qui vous arrive est dû au hasard et en souffrez énormément. Vous voyez les schémas se répéter et ne voyez aucune issue favorable. Vous pensez que la vie est contre vous et vous vous demandez pourquoi diable il vous arrive tous ces désastres.

En réalité, vous vivez les effets de ce que vous avez causé par le passé. Et à moins de changer votre comportement face à ces situations, vous continuerez à les vivre encore et encore sous différentes formes jusqu'à ce que vous compreniez le message. Cette façon vous permet de purger du Karma mais vous en créez du nouveau instantanément si vous ne changez pas votre réaction et ne cherchez pas à comprendre pourquoi vous vivez encore et encore ces situations.

Attention également à cette subtilité : nul besoin d'une réaction physique. Une réaction émotionnelle même cachée recrée un Karma. Si on m'insulte, que je reste de marbre mais que je bous intérieurement, je ne libère aucune charge émotionnelle. Ce qui doit changer est mon monde intérieur, mon ressenti face à toute situation afin de libérer le Karma et toute émotion contenue créant la disharmonie en moi.

2. Vivre en conscience et transmuter

La seconde façon est bien plus intéressante car vous êtes ici dans une démarche de transmutation de vos dettes en expériences de vie enrichissantes. Vous pouvez aussi voir toute expérience que vous vivez comme l'opportunité d'apprendre et d'évoluer. Ainsi, vous évoluez de façon tout à fait naturelle en allégeant votre Karma et donc vos expériences à venir. Rien de ce qui vous arrive dans la vie n'est là pour vous mettre des bâtons dans les roues. Vous pouvez tirer des leçons de toute expérience et en soi, aucune expérience n'est mauvaise. Vous seul décidez si une expérience est bonne ou mauvaise pour vous. Car vous décidez à chaque instant de vos réactions et de vos intentions à travers vos actions. Pour cela, l'ouverture d'esprit et la prise de conscience que tout arrive pour une bonne raison est nécessaire. L'idéal est de mettre ces expériences et les leçons apprises au service de ce pour quoi vous vous sentez vraiment fait. Ainsi, rien n'est jamais négatif à vos yeux et vous progressez avec la conscience que l'Univers vous aide en permanence à vous élever. Vous vous servez de toutes ces situations pour progresser et chaque difficulté est comme un tremplin qui vous aide à franchir des caps. Vous n'étiquetez plus ce qui vous arrive en bien ou en mal mais simplement en expérience de vie vous permettant d'avancer dans la meilleure direction. Vous cherchez alors les leçons à en tirer naturellement et purgez le karma qui n'a plus sa raison d'être. C'est un travail qui peut être long mais aussi passionnant car vous savez être guidé sur ce chemin de Libération.

3. Vivre l'instant et la Lumière

La troisième façon est la plus lumineuse puisque vous vous « dirigez » consciemment vers la Lumière, vers l'illumination, avec la technique de l'oignon, c'est-à-dire en avançant pas à pas au cœur de votre être, afin d'enlever les différentes couches qui cache votre âme. Toute situation devient l'opportunité pour vous de mettre en lumière vos zones d'ombre et de les illuminer de la Lumière de votre conscience. Ainsi, votre Karma n'existe plus. Il fond à chaque nouvelle expérience et vous vous permettez de vous mettre pleinement au service de la vie. La différence avec le second point est que ce processus-ci est complètement automatique et vous ne cherchez même plus à comprendre le pourquoi des choses. Vous vivez pleinement l'instant et tout s'illumine naturellement. C'est pourquoi vivre le moment présent permet de se détacher de l'illusion du Karma qui n'est qu'une création du mental. Vous n'êtes plus dans le fait d'étiqueter positivement ou négativement ce qui vous arrive. Tout Est, tout simplement. Le Karma détaché de la notion de temps ne peut subsister. Vous accueillez alors avec Joie tout ce qui se présente. Si vous vivez dans cette intention pure d'Amour à chaque instant, alors tout ce qui vous entrave est transmuté et libéré naturellement. Nous y reviendrons quand nous aborderons la loi de l'Amour de la Transmutation.

A RETENIR

- La loi du Karma en accord avec les autres lois nous invite à ÊTRE <u>avant</u> toute autre chose. Si je souhaite la paix, je dois être paisible. Si je veux l'amitié, je dois être un véritable ami. Toujours être dans la meilleure intention, au service de la vie.

A méditer - Dialogues avec l'Ange, Gitta Mallasz

Le monde a soif – En vous la source

Le monde hurle – En vous le silence

Le monde pleure – En vous le seul baume

Au-dessus du gémissement – Le sourire

Au-dessus de la folie – La paix

Mais aussi une prière de St-François d'Assise

Là où est la haine, mettre l'Amour

Là où est l'offense, mettre le Pardon

Là où est la discorde, mettre l'Union

Là où est l'erreur, mettre la Vérité

Là où est le doute, mettre la Foi

Là où est l'injustice, mettre la Justice

Là où est le désespoir, mettre l'Espérance

Là où sont les ténèbres, mettre la Lumière

Là où est la tristesse, mettre la Joie

- Je suis un être créateur de causes et d'effets : je fais mes choix en conscience.

- J'ai conscience que j'ai la totale responsabilité de ce qui m'arrive à chaque instant, mais surtout de ma réaction face à chaque situation de vie.

- Le Karma n'existe que si je lui permets d'exister. En étant pleinement moi-même, dans l'instant présent et l'action spontanément juste, alors mon Karma disparaît naturellement.

- Je me demande à chaque décision si celle-ci est bonne pour moi et pour les autres.

- Je prends tous mes choix en alignement avec qui Je Suis et de ma raison d'être.

- Je me détache du résultat ou des effets engendrés qui ne dépendent plus de moi.

- Rien n'est là pour me punir de quoi que ce soit mais simplement pour mettre en lumière ce qui doit être nourri et réglé en moi. Je choisis alors de réagir avec Amour face à toute situation puisque j'ai conscience d'être cocréateur de tout ce qui m'arrive.

LA LOI DU CONSENTEMENT

« Tu peux avoir tout ce que tu veux si tu es prêt à renoncer à la conviction que tu ne peux pas l'avoir »

Robert Anthony

La loi du Consentement nous dit que rien ne peut nous arriver sans notre consentement direct ou indirect. Tout ce que la vie nous présente est juste car nous avons toujours les « armes » et la conscience nécessaires pour surmonter ces « épreuves » et en ressortir plus fort. Cette loi nous invite à être dans la justesse par rapport à tous nos choix afin que notre Consentement ne soit donné qu'à ce qui nous paraît le plus juste. Ce qui est absolument fantastique dans l'Univers, c'est que rien ne peut nous être fait sans notre consentement. Cette loi stipule que tout part toujours d'un accord entre différentes parties, qu'il soit explicite et clair ou implicite et détourné. En ayant conscience de cela, je peux reprendre le pouvoir de changer tout ce qui me dérange dans ma vie et me libérer des liens que je nourris sans le savoir, tout en donnant mon énergie à ce qui fait vraiment du sens pour moi.

La loi du Consentement s'applique à la fois à l'échelle individuelle mais aussi à l'échelle globale. Ce qui suit vous paraîtra peut-être fou, absurde ou insensé. Ne me croyez pas sur parole, faites votre enquête et surtout écoutez votre cœur en permanence. Commençons par l'échelle globale qui donne déjà un potentiel de réflexions et de changements immense.

La race humaine est manipulée sur bien des plans. L'Homme dans son orgueil pense être au sommet de la pyramide du vivant et maîtriser son environnement. Pourtant, il n'en est rien et il donne son consentement, son accord, chaque jour afin d'être continuellement manipulé par les entités qui nous dirigent. On entend régulièrement parler de théorie du complot, terme toujours utilisé par les personnes qui sont dans le déni. Le complot existe, c'est une réalité qui est prouvée davantage chaque jour par de nombreux médias alternatifs. Ces informations et faits dérangent, voire nous dépassent, et nous allons simplement mettre en lumière comment nous donnons notre consentement à toutes les choses, situations et personnes extérieures qui ont une emprise ou un pouvoir sur nous et notre vie.

Ce qu'il est important de savoir est que cette manipulation passe par la division.

Premièrement, c'est une **division de Soi**, c'est-à-dire de sa propre Divinité, à travers la religion, différents dogmes et certaines philosophies comme le *New-Age*[16], la distraction par la télévision, la publicité ou encore le cinéma, par l'assistanat et le confort, et par l'incitation à la consommation de produits nocifs et addictifs à travers les additifs alimentaires, les pesticides, les médicaments ou encore les vaccins. Tous ces éléments vont nous couper de notre pouvoir personnel. On va alors continuellement chercher à l'extérieur ce qui est caché à l'intérieur de Soi. Puisqu'on ne trouve pas ce que l'on cherche,

---

[16] Voir définition page 13

un mal-être prend racine en soi et le seul remède semble être de panser les plaies pour ne plus les voir. Cela se fait par la distraction qui nous coupe de notre énergie originelle, mais aussi par la consommation d'une nourriture malsaine, de drogues et d'addictifs divers. La société nous couve par des aides multiples de façon à nous garder dans un rôle de victime aidée. Ainsi, on n'a plus conscience que l'on a déjà tout en nous et que notre potentiel est illimité à chaque instant. On est alors coupé de notre monde intérieur et on court après le temps, dans une frénésie d'actions remplissant le vide en soi. On ne se permet plus de faire silence dans ses activités et ses pensées, on est déconnecté de son âme et du champ des possibles. La plupart des gens sont en quête de sens. Les personnes inconscientes sont en quête de bonheur et de réussite tandis que les personnes conscientes sont en quête d'éveil. Tant que l'on cherche, on ne peut trouver, bien qu'à terme, la recherche puisse consumer le chercheur et donc révéler le Soi. L'important ici est que tant que l'on remplit sa vie par l'extérieur, on s'éloigne de Soi et on se ressent plus cette connexion naturelle à la Source.

Ensuite, c'est une **division par rapport aux autres** avec un rapport de compétition permanent, une recherche de pouvoir et de sécurité, une division homme/femme. Notre société est basée sur ce modèle pyramidal où l'objectif est toujours d'être meilleur que les autres. Il y a un rapport de compétition dès le plus jeune âge à travers la comparaison. Le modèle éducatif ne prône que les bonnes notes et le bien-agir. On n'a pas le droit de faire des erreurs, chaque erreur est sanctionnée et l'entraide n'est absolument pas favorisée. C'est la course du chacun pour soi. On se retrouve alors souvent bien seul, ne comprenant pas qui l'on est et ce que l'on souhaite faire dans sa vie. On a juste compris qu'on devait être conforme à ce que l'on attendait de nous et être meilleur que les autres. Cela se répercute dans tous les domaines de la vie. Nous vivons dans l'incertitude du lendemain, nous poussant à nous sécuriser. On préfère parfois épargner des années plutôt que de vivre l'instant présent. Lorsque l'on descend dans la rue, on trouve normal de voir des personnes sans logements et tendre les mains pour quelques centimes. Quand on regarde la télévision, on trouve normal de constater qu'il n'y a que violence, misère et souffrance dans le monde alors que ceci n'est qu'une petite partie de ce qu'il se passe sur la planète et ne reflète pas la réalité. La guerre et la division nous poussent à protéger les gens de notre pays et laisser les autres mourir dans le leur, voire parfois dans le nôtre. La folie pousse même beaucoup à se battre, parfois même à tuer, pour leur équipe de sport préférée... Pourtant, tout ceci ne pourrait pas exister si nous n'étions pas dans le Consentement de toute cette mascarade. Nous sommes ce que nous vivons et voyons autour de nous. S'il y a autant d'inégalités, c'est parce que nous sommes dans ce système inégalitaire et que nous jouons le jeu. Nous avons toujours le choix de dire non, mais force est de constater que nous donnons notre Consentement à tout ce qui se passe autour de nous.

Enfin, c'est une **division par rapport à la Nature** où l'on cherche à la mettre à notre service plutôt qu'à avancer avec elle. On croit être au-dessus de la Nature alors que chacun d'entre nous sait que si la Terre le voulait, elle nous balayerait tous en quelques minutes. Nous sommes ses locataires. L'esprit de la Terre appelé Gaïa nous accepte. C'est un être vivant infiniment plus évolué que nous le sommes. Elle nous aime inconditionnellement et nous pardonne nos fautes. On a beau massacrer les terres, massacrer les animaux, et faire n'importe quoi avec des technologies que nous ne maitrisons pas, elle continue à nous accepter car elle voit aussi notre potentiel. Ce potentiel se libère peu à peu. De nombreux projets voient le jour. De nombreuses personnes œuvrent pour un monde meilleur, un meilleur rapport à la Nature. Cette dernière peut subvenir à tous nos besoins. Il y a assez de ressources sur Terre pour combler tout un chacun. Gandhi a dit « *Il y a assez de tout dans le monde pour satisfaire aux besoins de l'Homme, mais pas assez pour assouvir son avidité.* ». Si chacun reste à sa place et agit en accord avec son âme et les lois universelles, alors chacun aura naturellement tout ce dont il a besoin. A partir du moment où un seul être souhaite s'accaparer des richesses inutiles, il crée un déséquilibre qui nuit à l'entièreté. Nous avons un véritable défi aujourd'hui autour de notre reconnexion à la Nature. C'est uniquement en construisant et en évoluant avec elle et non pas en se servant d'elle que nous pourrons tous accueillir un nouveau monde où chacun sera nourri sur tous les plans.

Cette division ou séparation nous coupe de notre véritable mission d'âme et d'un travail spirituel Libérateur. Lorsque nous comprenons que nous sommes Un, que l'autre est moi, que chaque fois que je nuis à l'autre, je me nuis à moi-même, et que la Nature n'est là que pour nous aider à cocréer avec elle, alors un nouveau paradigme naît. Mais alors pourquoi tout ceci existe ? Pourquoi vivons-nous dans un monde qui semble si cruel et qui nous fait vivre l'enfer ? La réponse est simple : certains êtres ont une avidité qui dépasse l'entendement et nous donnons notre Consentement à cela. De plus, beaucoup d'entre nous avons pris l'habitude de voir le verre à moitié vide, influencés par les médias de masse qui rabâchent des informations négatives à longueur de journée.

Dans notre monde d'aujourd'hui, nous continuons à voter pour des personnes qui nous manipulent toujours davantage, pensant à chaque élection que ça va changer. L'espoir est un leurre qui galvanise les foules qui finissent toujours par être déçues car la politique n'est pas au service du peuple. Beaucoup pensent que nous sommes en démocratie mais je vous invite à revoir ce qu'est la démocratie[17] qui n'a absolument rien du modèle que nos sociétés ont mis en place.

Dans notre monde d'aujourd'hui, nous continuons à donner notre argent à des banques qui s'en servent pour leurs intérêts et qui ont tout pouvoir sur notre compte. Notre argent ne nous appartient même pas, il est tracé de toute part et peut nous être ôté du jour au lendemain sans que l'on ne puisse rien y faire.

---

[17] *Définition simple de Larousse : « Forme de gouvernement dans lequel la souveraineté émane du peuple ». Plus précisément, le peuple est représenté par un échantillon de quelques centaines de personnes tirées au sort qui discutent, créent et votent les lois pour la société, sans intérêt personnel ou financier.*

Dans notre monde d'aujourd'hui, nous payons des impôts qui servent à enrichir le haut du panier. Cet argent sert à nous asservir très souvent à travers les nanotechnologies, l'utilisation de toxiques dans l'alimentation et l'eau comme le fluor, la surveillance et le *tracking* des données et des échanges monétaires, mais aussi toute forme de technologie pour contrôler le mental ou encore le climat. Cet argent sert aussi en bonne partie à faire la guerre au profit des industries de l'armement, du pétrole, et ainsi de suite, et ce, toujours au profit des riches en haut de la pyramide.

Dans notre monde d'aujourd'hui, nous acceptons d'être assistés sur tous les plans, à travers toutes les aides et assurances, ce qui nous rend irresponsables et dépendants des autres. Nous n'avons alors plus conscience de notre pouvoir créateur qui est de créer notre vie en accord avec les lois universelles.

Dans notre monde d'aujourd'hui, nous acceptons d'idolâtrer des icônes qui nous déconnectent de qui l'on est vraiment dans notre Essence. Ce sont à la fois des gurus[18] religieux ou spirituels mais aussi des sportifs, chanteurs, stars de cinémas, des présidents, etc.

Dans notre monde d'aujourd'hui, nous nous divisons, faisons la guerre, nous nous protégeons, plutôt que de tout partager et de construire

---

[18] Originellement traduit par « vénérable » représentant un maître spirituel. Dans nos sociétés, le guru est aussi celui qui dirige une secte.

ensemble. Le partage crée l'Abondance et l'Harmonie tandis que la séparation nous en coupe.

Dans notre monde d'aujourd'hui, on préfère souvent garder pour soi plutôt que de partager, même si notre voisin est dans la détresse. On ferme les yeux sur les violences, et parfois elle ne nous touche même plus. On se plaint de manquer mais avons-nous déjà vraiment donné sans arrière-pensée ?

Dans notre monde d'aujourd'hui, nous acceptons la violence à travers les jeux vidéo, les films, les bagarres, provocations et insultes, comme faisant partie normale de la vie. Nous rendre insensible à la violence nous coupe de la Compassion essentielle à notre propre Libération.

Dans notre monde d'aujourd'hui, nous acceptons les abus sur la femme, la pornographie, la misère sexuelle, notamment de façon inconsciente en fredonnant des chansons qui en font l'apologie. Ce sont aussi les trafics d'enfants à l'image du *Pizzagate* qui est un des plus grands scandales qui est mis en lumière actuellement.

Dans notre monde d'aujourd'hui, nous consentons aux multinationales et à l'empoisonnement des peuples et de la Terre en achetant les produits les moins chers au détriment de produits de qualité et locaux.

Dans notre monde d'aujourd'hui, nous acceptons certaines technologies qui nous déconnectent de nous-même et nous asservissent, à l'image des réseaux sociaux, des puces, de la nanotechnologie, du transhumanisme, etc.

Dans notre monde d'aujourd'hui, nous mangeons des animaux qui ont été sauvagement traités et abattus. La plupart des gens sont dans le déni de la réalité. Les abattoirs sont des camps de concentration pour animaux auxquels on donne de la nourriture infecte bourrée d'antibiotiques. Ces bêtes manquent cruellement d'espace, se montent dessus et parfois même se mangent entre elles. Leur souffrance est immense et nous ingérons leur souffrance émotionnelle en les mangeant dans l'inconscience la plus totale.

Dans notre monde d'aujourd'hui, en faisant toutes ces actions qui nous paraissent normales, nous donnons notre consentement à tout ce qui nous cause du tort. Nous donnons de l'énergie aux élites, au système politique, au système financier, à l'extrême violence, à la guerre, à l'empoisonnement, aux inégalités, aux abus physiques et émotionnels, etc. On sait pertinemment que l'on ingère des poisons chaque jour par l'eau, l'air et la nourriture et ceci est partagé massivement. Pourtant, qui s'arrête de consommer des pesticides, des OGM, et d'acheter des marques criminelles ? La plupart des multinationales sont criminelles.

D'une façon générale, nous donnons notre pouvoir à la matrice extérieure qui impose un contrôle dominateur patriarchale. Cela se fait sur le plan physique et surtout énergétique et astral. Beaucoup d'êtres avec une ouverture spirituelle passent leur temps à donner leur énergie à des méditations mondiales qui nourrissent la matrice ou à des entités sombres qui se font passer pour lumière à l'image de nombreux anges et archanges.

Je ne souhaite pas être moralisateur ici mais simplement vous aider à vous repositionner sur les choix que vous faites chaque jour. Comme l'exprime Etienne de la Boetie dans son *discours de la servitude volontaire* : « *On en vient à avaler le venin de la servitude sans le trouver amer* » en qualifiant le peuple de complice et de véritable responsable. Il n'y a pas de bon ou de mauvais choix. Il y a simplement l'Alignement ou la Justesse de ce que vous décidez de nourrir de par l'énergie que vous donnez dans vos pensées, paroles, intentions et actions.

Le Consentement se fait à cette échelle de la société mais également à une échelle très personnelle. Tout ce qui arrive dans ma vie n'est possible que parce que je donne mon Consentement à cela. Que ce soit des relations toxiques, un manque d'argent, une maladie ou des douleurs, des problèmes administratifs, des violences envers moi, des vols, et j'en passe. Tout ce qui se présente à moi n'est possible que parce que j'accepte que ce soit possible. La Vie nous donne toujours ce que l'on accepte de vivre et que l'on est prêt à vivre. L'Univers ne nous donne jamais d'épreuve insurmontable. Nous avons toujours toutes les capacités en nous pour faire face à tout ce qui se présente. Il est important de saisir aussi que l'on reste parfois dans une situation que l'on pourrait qualifier de négative alors qu'elle nous permet de nourrir des parties de nous-mêmes qui ont besoin d'attention. Une personne handicapée pourrait peut-être s'en sortir si elle ne profitait pas de cette situation pour bénéficier d'aides extérieures et d'attention. C'est un exemple parmi tant d'autres qui est issu du triangle persécuteur-victime-sauveur que nous avons déjà étudié.

COMMENT VIVRE EN ACCORD AVEC LA LOI DU CONSENTEMENT

Premièrement, la loi du Consentement est à utiliser avec discernement concernant notre monde actuel. Il est primordial de ne pas tomber dans la paranoïa, la peur et la colère. Quand on se rend compte des différentes manipulations que les personnes qui dirigent le monde nous font subir ainsi que leurs plans machiavéliques, on peut facilement tomber dans des énergies négatives. Or ces énergies vont nourrir des égrégores négatifs qui vont impacter négativement l'Humanité. Notre rôle, en tant que personnes réveillées et conscientes, est au contraire de se servir de tout cela comme d'un tremplin. On peut se servir de toute situation pour élever notre vibration. Il suffit de voir une malversation faite dans le monde pour s'élever vibratoirement dans la Joie. Ces situations peuvent aussi servir à nous donner l'impulsion de créer autre chose. Beaucoup de personnes pensent pouvoir changer le système de l'intérieur. Or, un système par essence est fait pour survivre. On ne peut changer les racines mêmes d'un système. On ne peut qu'en inventer un autre qui supplantera le premier lorsqu'il sera prêt à le faire. L'objectif est donc de nourrir un système différent. Aujourd'hui, de nombreuses alternatives existent. Et ce sont avant tout vos choix quotidiens qui font la différence. Le fait de ne pas voter permet par exemple de ne pas donner d'énergie au système. Le fait d'utiliser une monnaie locale plutôt qu'une monnaie globale permet de donner de l'énergie à un autre type d'économie. Pensez à ces petits gestes qui ne pèsent peut-être pas bien lourds physiquement mais qui nourrissent un monde différent. D'une façon générale, tout ce qui nous ramène à une échelle locale, humaine et d'entraide va dans le sens d'une meilleure humanité. Ce n'est pas un retour en arrière, c'est la prise de conscience que l'on a pris un chemin destructeur pour l'Humanité et que nous devons remettre en avant des valeurs plus saines. Le retour à la simplicité et à ce qui nourrit vraiment chaque être humain à tout niveau est vital aujourd'hui pour retrouver l'Harmonie.

Ensuite, cette loi entre en jeu dans toutes nos relations et connexions quotidiennes. Chaque fois que je signe un accord avec une personne, que je prends un engagement avec moi-même, ou même un pacte avec un lieu ou la nature, je me dois de le respecter. Cet accord peut être un document écrit mais aussi sous forme énergétique. Si je m'engage par exemple à respecter la Nature qui m'entoure et que je continue à jeter des papiers par terre, alors je ne suis pas en accord avec cet engagement, et, par la loi du Karma, la Vie va venir polluer mon existence pour que j'en prenne conscience. Cette loi est intrinsèquement liée avec la loi du Libre-Arbitre. Elle permet à certaines choses de nous arriver seulement si nous en donnons notre accord. Toutefois, cet accord se donne souvent de façon implicite. Si je signe un contrat papier, je dois être conscient des petites lignes avec les tout petits caractères. Si je mange un steak provenant d'un animal qui a été sauvagement maltraité dans un abattoir, je donne mon consentement à cette violence. Si je regarde les informations du JT, je donne mon accord à la manipulation des médias et à la publicité. Il y a bien sûr un monde entre faire tout ceci inconsciemment et avec conscience.

L'objectif est donc d'avoir conscience de ce à quoi je donne mon Consentement au quotidien. Bien sûr, il est difficile de se soustraire complètement du système actuel et de ne plus le nourrir. Mais je peux faire des choix conscients qui m'en détachent et me permettent de retrouver ma souveraineté. Et surtout apprendre à dire NON à ce que je ne veux plus. Si j'en ai marre qu'on me dise qu'il y a du *round-up*[19] sur les tomates que j'achète, alors je dois me mettre à acheter des tomates biologiques et locales. Et si je me donne des excuses pour dire que ça coute trop cher ou que je n'ai pas le temps, alors c'est que j'ai un besoin profond de me réaligner sur ce que je veux vraiment. C'est aussi de comprendre que tout est énergie et qu'à partir du moment où je fais des choix cohérents, l'Univers me donne tout ce dont j'ai besoin pour continuer sur cette voie. J'aurai donc naturellement les finances nécessaires. En continuant à nourrir un système ou un accord qui ne vous satisfait pas, vous le renforcez ! Pensez toujours à cela.

Tout cela nous amène à la notion du Choix. Choisir, c'est nourrir. Choisir, c'est renoncer. Ne pas choisir est un choix. Nous sommes responsables de tous ces choix. Tout ce que nous refusons ne peut être présent dans notre vie. Tout comme nous n'autorisons parfois pas de belles choses à nous arriver, comme l'abondance financière. Cette loi nous invite vraiment à porter notre attention sur les choix et décisions que l'on fait au quotidien. Ces choix devraient toujours être justes, en accord avec

---

[19] *Herbicide produit par la compagnie américaine Monsanto considéré comme un produit toxique, irritant et écotoxique, et cancérogène probable.*

qui Je Suis et avec ce que je souhaite voir ou ne plus voir dans le monde. Ne croyez pas que vos petites actions dans votre petite vie n'ont pas d'importance. Vous avez une importance immense et un impact colossal ! C'est ensemble que nous créerons un monde différent, porteur de belles énergies et qui sera juste pour tout un chacun.

Aujourd'hui, l'information est accessible pour toutes celles et ceux qui souhaitent la trouver. Ne pas savoir est un choix. Et l'imbécile heureux est un mythe. Lorsque la Vérité sonne aux oreilles de l'imbécile, il tombe dans l'oubli et devient fou. Il est de notre ressort aujourd'hui de prendre les armes (de lumière) et de construire le monde de demain sur des bases saines, justes et bienveillantes pour chacun.

Vous pouvez alors vous demander dès à présent pourquoi certaines choses que vous ne désirez plus sont encore présentes dans votre vie, que ce soit à un niveau personnel ou global. Ainsi, vous pouvez prendre conscience de ce que vous acceptez et diriger votre énergie vers ce que vous désirez vraiment. Ouvrez les portes à ce que vous désirez vraiment en votre cœur, en votre âme, et bloquez ce à quoi vous ne souhaitez pas ou plus contribuer. Parfois, nous acceptons certaines choses de façon très détournée. Je peux nourrir des relations toxiques par un besoin de reconnaissance non assouvi par exemple. Etre victime de violence me permet d'exister, tout comme être en surpoids ou manquer de certaines choses par exemple. Soyez vigilant à bien comprendre comment vous fonctionnez et pourquoi vous adoptez certains comportements qui semblent incohérents mais qui prennent tout leur sens quand on les étudie.

Un dernier point capital que je souhaite ouvrir ici est la notion d'Être face à la Personnalité. Qui vous êtes en cette existence et les choix que vous faites est un chose. L'attitude intérieure avec laquelle vous faites ces choix en est une autre. N'importe quel choix fait dans une conscience égotique, c'est-à-dire d'identification à la personne physique que vous êtes, se retournera contre vous dans ce sens où la Vie vous amènera toujours à l'expansion et à la pleine expression de ce que Vous Êtes en Essence. Lorsque le Vivant vous traverse totalement, vos choix ne sont plus personnels, ne proviennent plus du mental inférieur et donc répondent à une logique d'équilibre en permanence. Lorsque c'est le petit moi aux commandes, cela crée toujours un déséquilibre. Alors de façon ultime, les choix que vous faites n'ont pas tant d'importance que cela, ce qui compte c'est la conscience avec laquelle vous les faites. D'où l'importance de cultiver la Profondeur et de Révéler votre véritable nature Divine sur ce plan terrestre.

A RETENIR

- Il est primordial de ne pas tomber dans la paranoïa, la peur et la colère face à quoi que ce soit. Souvenez-vous de l'image du Christ restant lui-même en toute situation. On peut facilement tomber dans des énergies négatives et nourrir des égrégores négatifs qui vont impacter négativement l'Humanité. Notre rôle, en tant que personnes réveillées et conscientes, est au contraire de toujours rester Soi-même, dans la meilleure énergie, quoi qu'il arrive.

- Soyez conscient des choix que vous faites. Vos choix sont avant tout énergétiques. Vous consentez par vos choix quotidiens. Si vous êtes contre l'agriculture intensive mais que vous achetez vos fruits et légumes en grande surface au prix le plus bas possible, vous donnez votre Consentement à tout cela. Soyez juste à chaque instant ! Demandez-vous si vos choix sont en Alignement avec vos valeurs et à quoi vous donnez votre Consentement à chaque instant.

- Informez-vous ! La non-connaissance est un choix dans notre ère. Soyez conscient des différentes manipulations et comment vous en extraire par des choix conscients.

- Etudiez vos comportements de façon à mieux comprendre pourquoi vous générez des situations dans votre vie que vous ne souhaitez plus vivre mais qui répondent pourtant à des besoins fondamentaux. Apprenez alors à nourrir ces besoins différemment et à n'accepter que ce qui est présent en votre cœur.

- Choisissez maintenant de nourrir ce que vous désirez voir émerger ou être amplifié dans le monde, et détournez votre attention de ce que vous souhaitez voir disparaître. Ce qui est de basse vibration ne peut exister que si la colère, la peur, la frustration ou encore la détresse viennent les nourrir.

- Revenez à la simplicité, à une échelle locale, à des valeurs humaines que vous souhaitez voir se propager dans le monde, et alignez tous vos actes et vos décisions quotidiennes sur l'Harmonie.

- Faites tout votre possible pour rester Présent à ce qui est vivant en vous, en prenant soin à garder un taux vibratoire élevé. Ce qui est de basse vibration ne peut alors pas vous atteindre. Servez-vous de ce qui vous dérange comme déclencheur de pleine conscience et d'élévation vibratoire.

- Enfin, votre seule priorité est la Pleine Expression de ce que Vous Êtes en Essence. Lorsque la Conscience Universelle s'exprime librement à travers votre âme et votre corps, tout devient d'une fluidité absolue.

LA LOI DU DON, DE L'EQUILIBRE, DE LA COMPENSATION ET DES POLARITES

« L'honnêteté, la sincérité, la simplicité, l'humilité, la générosité, l'absence de vanité, la capacité à servir les autres, sont les véritables fondations de notre vie. »

Nelson Mandela

Dans l'Univers, tout est équilibre. Dans notre monde, tout est dualité. C'est également le principe du Yin et du Yang qui montre que rien n'est jamais tout blanc ou tout noir mais toujours une subtile combinaison des deux. Tout connaît son contraire dans le monde. L'Amour et la haine. La Joie et la colère. La Confiance et la peur. Le haut et le bas. Avancer et reculer. L'infini et le fini. L'Abondance et le néant. Le masculin et le féminin. Et ainsi de suite. Attention toutefois à ne pas se limiter à la dualité. L'Univers fonctionne sur le modèle de la tétravalence. Cela signifie qu'une onde/particule peut être onde, peut être particule mais peut aussi être les deux à la fois c'est-à-dire une infinité de combinaison entre les deux, ainsi que ni l'une ni l'autre. Nous avons été habitués à penser en mode binaire[20] alors que c'est ce qui

[20] C'est-à-dire à faire des choix tranchés entre deux camps. Oui ou Non, Réussite ou échec, vote à gauche ou vote à droite, etc.

tient notre Être dans une position souvent inconfortable. On peut être face à un choix dont les deux solutions qui s'offrent à nous ne nous conviennent pas. Mais pourquoi devoir choisir ? Ce n'est pas parce que je ne réussis pas que j'échoue. C'est le problème que l'on voit souvent quand on se fixe un objectif. S'il est mal fixé comme la majorité des objectifs, alors il n'y a que deux issues possibles : réussir ou échouer. Il y a pourtant d'autres options possibles. Si une situation vous amène à devoir faire un choix duel, c'est que cette situation n'est pas en accord avec les lois universelles. Je tiens à vous partager un exemple personnel marquant pour moi concernant les relations amoureuses. J'ai rencontré une personne avec qui je ressentais une connexion d'âme exceptionnelle, ce qui était réciproque. Toutefois, notre situation personnelle à tous les deux rendait cette relation difficile dans la matière. Dans ces moments-là, l'égo peut s'attacher rapidement et devenir dépendant, créant ainsi la disharmonie intérieure. C'est ce qu'il s'est passé dans un premier temps pour moi. Puis j'ai accepté l'idée de ne pas être en couple avec elle ce qui m'a apporté une paix sans précédent. A ce moment-là, ce fut à son tour de ressentir cette dépendance, comme si ce lien devait perdurer. Puis nous avons réussi à trouver la Paix tous les deux. Pourquoi cette dépendance peut-elle se créer ? Simplement parce que nous sommes dans un choix binaire « *couple ou pas couple* ». Or ni l'une ni l'autre des solutions n'étaient pleinement satisfaisantes. La solution idéale n'est pas un choix tranché binaire mais bien une subtile combinaison des deux extrêmes. Quand on élargit notre zone de conscience et que l'on se permet de ne pas faire ce choix et de laisser la Vie décider du meilleur chemin pour chacun, alors l'attachement disparaît pour laisser l'Essence de l'Être s'exprimer. Et la Paix s'installe. Toute prise de pouvoir du mental/égo qui souhaite contrôler ou arriver à un résultat précis empêche la libre-circulation de l'énergie de vie. On coupe alors le flux de l'Abondance auquel nous sommes tous connectés à chaque instant si nous ne faisons pas obstacle.

Revenons à notre loi de l'équilibre. Cette loi est absolument sublime et parfaite. Elle fait en sorte que rien ne soit jamais déséquilibré dans l'Univers. Tout ce qui est pris est rendu autre part. Chaque univers connait le potentiel d'existence de toute chose. Un univers peut être dépourvu d'un élément qui sera comblé dans un autre univers. Tout ce qui est créé implique une destruction, ou disons plutôt une transformation. Tout ce qui est convoité crée un vide. L'Univers étant fractal, toute chose est contenue dans la moindre parcelle de l'Univers, ce qui comprend toutes les polarités, car tout est duel dans notre monde. Rien n'est meilleur ou plus grand que quoi que ce soit. Car tout ce que possède l'un, l'autre possède autre chose en compensation. Tout s'équilibre par la loi de Compensation. Voici quelques exemples pratiques qui illustrent cette loi.

L'Homme n'a peut-être pas de griffes ou de crocs acérés mais un cerveau lui permettant bien des prouesses.

Tout excès entraine un appauvrissement. Tout mal crée un bien.

Toute pensée modérée contient en son germe son grain de folie.

Pour toute chose que vous perdez, vous gagnez sur d'autres plans. Si vous échouez à un concours, la vie vous offre l'opportunité d'apprendre de cette défaite. Pour toute chose que vous gagnez, vous en perdez d'autres.

Si vous êtes dans l'avidité, la vie vous hôte une partie de votre cœur, renforçant vos possessions mais vous tuant à petit feu.

La Nature déteste les monopoles et les exceptions. Tout tend à s'équilibrer.

Le Grand et le Petit s'attirent naturellement pour créer cet équilibre. L'Univers infiniment grand aime l'infiniment petit. D'où la loi de l'Humilité et d'Adoration que nous verrons par la suite qui permet de comprendre sa Petitesse afin de se laisser traverser par la Grandeur, c'est-à-dire Dieu, la Source, la Vie. C'est cet équilibre des polarités qui permet de connaitre l'Unité.

COMMENT VIVRE EN ACCORD AVEC LA LOI DU DON ET DE L'EQUILIBRE

Cette loi fonctionne avec une complexité telle que l'on ne peut en appréhender le fonctionnement à chaque instant. Chaque chose s'équilibre parfaitement dans l'Univers sans que l'on puisse saisir comment. Pourtant, elle est présente dans tout ce que vous faites. Chaque fois que vous émettez une vibration particulière, vous recevez en retour d'autres vibrations en compensation. Tout est toujours une affaire d'équilibre. Par exemple, il serait dommage de penser que l'on peut gagner de l'argent sans dépenser le moindre centime. Le flux d'argent qui arrive dans votre compte en banque ne peut exister que si vous avez également des flux sortants. De même qu'être heureux sans aimer qui que ce soit et sans faire d'actions empreintes d'Amour. C'est également le principe du donner pour recevoir. Toutefois, retenez toujours que nous parlons de vibrations. Donner dans l'idée de recevoir n'est pas donner. Ou alors c'est donner avec l'égo et non le cœur, ce qui est une vibration toute autre. C'est ce point-ci qui nous intéresse. Comprendre pleinement comment l'Univers fonctionne est bien trop complexe avec les moyens dont nous disposons. Ce qui est à retenir en revanche est que l'équilibre est présent en toute chose et que vous agissez sur cet équilibre à chaque instant. En faisant pencher la balance d'un côté, vous jouez sur cet équilibre qui se rétablira de lui-même de différentes façons. En donnant ce que vous avez de meilleur, vous agissez alors au cœur même de votre bien-être et de votre réussite.

Le plus grand mythe du développement personnel, et issu de la religion chrétienne, est certainement le suivant : *il faut donner pour recevoir*. Et c'est entièrement vrai car cela répond aux lois naturelles de l'Univers qui sont la loi de l'équilibre et la loi des cycles. Le cycle donner/recevoir est un cycle naturel et vertueux. Si vous ne donnez pas, vous ne recevez pas. Si vous n'acceptez pas de recevoir, vous ne pouvez pas donner. C'est un cycle qui, par définition, s'autoalimente, se nourrit lui-même. La loi de l'équilibre, quant à elle, attend ce juste équilibre entre donner et recevoir pour que ce cycle puisse fonctionner de la meilleure des façons. Tout ceci est juste mais ce principe est souvent expliqué dans le développement personnel en nous disant que l'on doit donner POUR recevoir. On va ainsi mettre son énergie sur le fait de recevoir et non pas de donner dans l'intention la plus pure. C'est un peu comme si nous cherchions à forcer l'Univers à nous donner ce que l'on souhaite dans un domaine particulier. On doit alors faire le nécessaire pour obtenir ce que l'on désire. C'est un principe très égoïste, même si l'objectif visé peut être altruiste. Ce qui se cache derrière tout cela est une grande tromperie où chacun va essayer de s'améliorer en donnant le meilleur dans le BUT DE RECEVOIR. Comme si le but de la vie était de recevoir. Ce qui est complètement à l'inverse du principe essentiel de la vie qui est le Don et le Service.

Neal Donald Walsh partage d'ailleurs ce principe essentiel à travers son expérience avec *Conversation avec Dieu.* Son conseil ultime pour être heureux dans la vie est de se rendre compte que « *la vie n'a rien à voir avec soi mais tout à voir avec les personnes que vous touchez et la manière dont vous les touchez.* ». Il y a une part d'effacement de soi mais l'idée n'est pas de se mettre de côté évidemment. L'idée est simplement de se désidentifier de ce à quoi l'égo s'attache et qui fait que l'on va faire certaines actions dans une intention égoïste. La Source nous donne tout ce dont on a besoin à chaque instant pour être heureux. Je peux ne pas être heureux à un moment donné parce que l'égo veut s'approprier certaines choses ou vouloir certaines choses que je n'ai pas. Alors que tout ceci est illusion. En réalité, lorsque vous aidez les autres à obtenir ce qu'ils veulent, vous obtenez ces mêmes choses. Zig Ziglar en parle parfaitement dans son livre *Rendez-vous au sommet* lorsqu'il dit ceci « *Plus vous aidez les gens à obtenir ce qu'ils désirent, plus vous avez de succès.* ». La vie n'est pas à propos de vous-même mais bien à propos de votre contribution au monde. C'est en faisant ce qui vous semble juste dans la plus pure intention que vous vous permettez d'être en Paix et de baigner dans l'Amour et le Don de vous-même.

Lorsque nous cherchons à forcer les choses et à contrôler ce qui vient à nous, on reçoit en conséquence le retour de bâton par la loi du Karma qui va chercher à nous faire comprendre que tout ce qui compte est d'être dans l'intention pure. On ne peut maîtriser ce que la vie nous donne. On peut être un maître dans la loi de l'Attraction et attirer à soi tout ce que l'on souhaite, mais on ne sait jamais précisément ce que la Vie va nous donner. C'est pourquoi nous vivons tous des épreuves que l'on doit d'accepter. Il n'y a jamais de punition. Il y a seulement des expériences de vie destinées à nous faire grandir. Beaucoup se disent, après avoir donné beaucoup de leur personne, « *c'est fini, j'arrête, j'en ai marre, j'ai trop donné et je n'ai pas les résultats que je souhaite* ». Cette réflexion est insensée. Elle est seulement juste si vous poursuivez quelque chose qui ne vous fait pas vraiment vibrer. Mais si vous vous sentez à votre place, que vous savez être dans la bonne direction et aligné avec vos valeurs, alors pourquoi arrêter ? Vous ne pouvez arrêter que si vous êtes déçu des résultats. Vous ne pouvez abandonner que si vous estimez que la Vie aurait dû vous donner plus et que ça n'est jamais arrivé. Tout cela est possible seulement lorsque votre focalisation n'est pas sur le fait de donner mais de recevoir. C'est cette attente de recevoir qui peut ruiner tous vos plans et vous donner une vie misérable. C'est également ce qui arrive à toutes ces personnes qui sont dans une quête spirituelle à chercher l'éveil qui n'arrivera jamais car elles sont dans cette logique de recevoir et non de Donner. En vous mettant au service dans une simple intention de Don naturel, alors vous vous harmonisez avec les lois universelles.

Dans un autre esprit, donner à contrecœur dans l'espoir d'obtenir quelque chose est un non-sens. Si vous donnez de l'argent à un sans-abri parce qu'on vous a dit que c'était bien de donner et que votre gourou financier dit qu'il faut donner 10% de ses revenus pour développer votre abondance, vous n'avez rien compris. Certaines personnes donnent avec la boule au ventre toute leur vie en espérant des résultats différents de ce qu'elles vivent aujourd'hui. Même si ces personnes ont des résultats, elles se rendent bien souvent compte que ça ne les rend pas vraiment heureuses. Et c'est d'une logique implacable. Cela répond à leur besoin de recevoir et non à celui de donner qui est lié à l'être. Ces personnes sont focalisées sur l'Avoir qui met en œuvre le Faire, au détriment complet de l'Être qui n'a même plus sa place. Cela signifie que tout désir est motivé par l'égo, et que toute action est motivée par ce désir qui n'est absolument pas aligné avec l'âme. Il est nécessaire maintenant de se détacher de l'égo et de toute notion de croissance illusoire. On est seulement ici pour expérimenter et partager notre unicité au monde en vivant selon le principe d'Unité. Toute obtention matérielle n'est que temporaire et peut nous être enlevée du jour au lendemain.

Lorsque vous ouvrez tous les canaux d'Abondance liés au Don et au fait de recevoir, alors ce cycle devient vertueux et le meilleur vous arrive à chaque instant. Toutefois, vous devez bien saisir que l'on ne maîtrise pas ce que l'on reçoit ! Avez-vous déjà eu le sentiment d'être aux commandes de la Vie et de pouvoir demander ce que vous voulez à chaque instant, puis de recevoir exactement ce que vous aviez demandé servi sur plateau d'argent ? C'est bien souvent une illusion. C'est possible uniquement si l'on est PLEINEMENT aligné, pleinement soi-même, et que nos demandes sont parfaitement en accord avec qui l'on est. Ce que la Vie nous donne est généralement hors de notre zone de contrôle ou de notre champ de conscience. On ne peut que tendre dans certaines directions et donner le meilleur de soi à chaque instant pour obtenir ce que l'on désire.

L'Univers aura toujours le dernier mot. Vous pouvez passer commande et recevoir une mauvaise livraison. La raison en est que vous pourriez ne pas être prêt, vous pourriez ne pas vous être ouvert au fait de recevoir ce que vous demandez. Il y a d'innombrables scénarios possibles qui peuvent nous empêcher de recevoir ce que l'on veut. En réalité, on ne devrait pas s'en soucier car LA VIE N'EST QUE DON. L'Univers sait mieux que nous-même ce dont on a vraiment besoin. Et ceci peut largement différer de ce que l'on PENSE avoir besoin. Alors même si la Vie vient vous challenger et vous donner des choses auxquelles vous ne vous attendez pas et ne vous font pas plaisir, acceptez-les ! Cela fait partie du processus logique de toute croissance. Si vous ne recevez pas ce que vous désirez, c'est que vous n'êtes pas prêt à vivre ces expériences-là.

Cela m'amène à un autre sujet qui va certainement réveiller en vous plein de choses. C'est le fait que vous ne pouvez donner ce que vous n'avez pas. Si vous souhaitez recevoir quelque chose, c'est probablement que vous ne l'avez pas ou que vous en manquez. Comment voulez-vous donner quelque chose que vous n'avez pas ? Vous devez avant tout développer cela en vous avant de pouvoir le donner. Vous le savez pour les possessions physiques. Vous ne pouvez donner ce que vous ne possédez pas. Mais ce qui est encore plus important, c'est votre énergie. Si vous n'avez pas développé en vous ce que vous cherchez à donner, il est vain de penser que vous puissiez le faire.

Si vous recherchez l'amour, vous devez avant tout développer l'amour de vous-même.

Si vous voulez devenir riche, vous devez construire un état d'esprit de la richesse.

Si vous souhaitez réussir vos projets, il va vous falloir bâtir une confiance en vous et certains traits de caractères essentiels.

Si vous voulez plus de bien-être, il vous faudra changer votre façon de vivre, accepter certaines choses, et vivre davantage dans le lâcher-prise.

Tout se passe dans l'être, ici et maintenant. Si vous pensez pouvoir tout obtenir, c'est magnifique. Mais si vous vous frustrez lorsque la livraison n'est pas fidèle à votre bon de commande, alors vous êtes à côté de la plaque car à ce moment-là, vous êtes décentré du moment présent. Lorsque votre personnage identifié à l'égo vient gémir parce qu'il n'a pas ce qu'il veut, vous perdez la connexion avec votre âme et avec la Source. Lorsque vous êtes pleinement dans le Don permanent, alors la magie s'active dans votre vie pour vous offrir le meilleur à chaque instant. Comment pourrait-il en être autrement lorsque l'âme agit ? Bien entendu, je vous invite à avoir des *objectifs correctement formulés*[21] vers lesquels tendre pour croître toujours davantage et vivre des expériences toujours plus riches. Mais souvenez-vous de lâcher-prise face à tout ce qui vous arrive de façon à pouvoir donner le meilleur de vous-même ici et maintenant.

J'espère que tout cela vous inspire à entrer dans cette dimension du Don afin de faire briller votre Lumière autour de vous ! Car c'est tout ce que

---

[21] Voir la 4e étape pour appliquer la loi d'Attraction page 46

vous avez à faire dans la vie ! Donnez le meilleur à chaque instant, quoi qu'il arrive, quoi que vous viviez. Vivez à fond, dansez, chantez, pleurez si nécessaire mais avancez toujours plus vers ce que vous désirez vraiment ! Tout ce qui compte véritablement est de rester dans votre alignement et de mettre en cohérence vos pensées et vos désirs de cœur. Tout doit partir de votre Être dans la plus pure intention, dont doivent découler vos Actions qui donneront naissance aux cadeaux de la vie.

Un dernier point à retenir ici est de vous ouvrir à Recevoir. Vous avez droit à l'Abondance sur tous les plans mais vous devez comprendre que chacun a à vivre des expériences différentes qui peuvent être très éloignées de ce que l'on veut consciemment. Acceptez donc tout ce que la Vie vous propose de vivre, tout ce qu'elle vous donne. Ainsi, vous ouvrez naturellement les portes de l'Abondance dans votre vie et vous vous permettez de recevoir le meilleur à chaque instant pour votre plus grand bonheur et le plus grand bonheur des autres. Vous pouvez vous demandez pourquoi vous ne recevez pas ce que vous voulez dans certains domaines. Souvent, on n'est pas prêt à assumer les conséquences des changements. Ne serait-ce qu'avoir plus d'argent peut changer notre attitude mais aussi le regard que portent les autres sur nous, notamment celui de nos proches. A vous de savoir en chaque situation ce qui est bon et juste pour vous, et ce que vous vous permettez de pleinement recevoir. Dans tous les cas, vous avez droit à tout, à partir du moment où vous restez dans l'Alignement de votre âme.

A RETENIR

- La vie n'est que Don et le véritable équilibre se crée lorsque je suis focalisé sur le fait d'être pleinement moi-même au Service de la Vie sans contrôler ce qui m'arrive.

- Je saisis chaque opportunité de faire le bien autour de moi en accord avec qui Je Suis vraiment. Cela peut être un cadeau physique, tout comme une pensée, un sourire ou encore une prière. Je fais circuler la Joie et l'Abondance dans ma vie et celle des autres.

- J'aide les autres à obtenir ce qu'ils veulent sans attente de quoi que ce soit. En aidant les autres avec le cœur, je leur fais le plus beau cadeau que je puisse offrir. Ainsi, la vie est naturellement généreuse avec moi.

- Je ne peux donner que ce que je possède ou que j'ai développé en moi. Ainsi, je ne cherche pas à donner ce que je n'ai pas. Je me concentre avant tout sur le fait de construire cette Harmonie à l'intérieure de moi-même avant de la distribuer.

- J'accepte de recevoir tout ce que me donne la vie, tout ce qui est agréable à vivre comme désagréable. Tout l'Univers conspire à ma Libération pour mon plein épanouissement. J'accueille toute expérience, de la plus anodine à la plus vivace. Je peux me délecter d'un chant d'oiseau, d'un rayon de soleil, mais aussi d'une expérience terrible et déstabilisante car elle me permet de faire la Lumière en moi et d'avancer sur mon chemin de vie.

- Pour terminer en beauté, il est important de prendre soin de son équilibre personnel. Chaque jour, je peux me demander si ma vie est équilibrée et si je suis là où mon âme souhaite être. Ainsi, je peux prendre des décisions plus justes et saines pour Moi. Tout ce qui compte avant toute autre chose est que je sois en Paix moi-même en mon cœur afin de rayonner cette Paix autour de moi.

LA LOI DE LA MOINDRE-RESISTANCE ET DE LA LIBRE-CIRCULATION DE L'ENERGIE

« *La simplicité est la sophistication suprême* »

Leonard de Vinci

N'avez-vous jamais remarqué qu'il vous arrive de lutter plusieurs mois pour arriver à un résultat sans succès et que lorsque vous finissez par vous y désintéresser, ça arrive dans votre vie ? Ce phénomène est l'illustration d'une des lois fondamentales de la nature qui est celle de la Moindre-Résistance. L'énergie va toujours là où elle peut circuler le plus librement. Si vous creusez une tranchée pour faire circuler de l'eau et que vous encombrez celle-ci à certains endroits, alors l'eau va moins bien circuler. C'est le même principe avec l'énergie et donc avec ce que vous obtenez dans la vie.

La plupart des gens sont souvent partagés. Partagés entre le fait de vouloir quelque chose et les changements que cela impliquera, ou même tout simplement avec la crainte de ne pas l'obtenir. Ce sont des éléments qui se confrontent de face et empêchent ou limitent l'accès à ce que vous voulez. Pourtant, la Vie vous donne tout ce que vous voulez, tout ce que vous demandez et tout ce dont vous avez besoin, à condition de lui en laisser la possibilité. Energétiquement, c'est comme envoyer deux fréquences vibratoires opposées et s'attendre à un changement dans sa vie. Si l'énergie ne peut circuler de façon fluide, rien ne changera.

La plupart des personnes qui essaient d'appliquer la loi de l'Attraction consciemment dans leur vie n'y arrivent pas. La raison en est qu'elles ne laissent pas l'énergie circuler librement. Au lieu de focaliser sur ce qu'elles veulent et de laisser l'Univers leur apporter ce qu'elles ont demandé, elles vont se poser de multiples questions, douter, avoir peur, etc. Tout cela empêche l'Univers de vous donner ce que vous demandez. Or, la clé pour appliquer cette loi dans son quotidien est de lâcher-prise et de comprendre que moins vous vous tracasserez avec ce qui est censé arriver, plus vite cela arrivera. Cette loi nous invite alors à être dans l'action conscience, dans le moment présent et à toujours aller de l'avant quoi qu'il arrive. C'est la loi du moment présent et du lâcher-prise !

LE CONTROLE : LA VOIE DE LA PRISE DE TETE

Le concept de foi est derrière cette loi également. Lorsque nous arrêtons de vouloir tout contrôler et que nous osons faire confiance en la vie pour nous apporter ce qui est juste dans l'instant, alors le chemin devient plus facile à vivre. On reçoit ce dont on a besoin en permanence et l'on peut surmonter les difficultés naturellement en s'ouvrant à toutes les solutions auxquelles on ne peut penser par soi-même.

En voulant tout contrôler et en partant du constat que l'on peut tout maîtriser dans sa vie, alors on se limite énormément et on ne se permet pas de voir ce qui pourrait être parfait ou idéal pour soi. Pourtant, c'est ce que l'être humain de nos sociétés conditionnées fait la plupart du temps. Il a été éduqué de cette façon. Le résultat est que l'on pense beaucoup (trop), on planifie tout, on essaie de penser à tous les scénarios possibles. C'est bien en un sens, mais notre stratégie de vie ne doit pas reposer uniquement sur la pensée planifiée car ceci est du contrôle total qui ne permet pas de s'ouvrir au meilleur pour Soi. Et surtout, cela vous coupe littéralement de votre âme et de la Source. La Vie ne peut donc pas s'exprimer pleinement à travers vous. Je vous rappelle cette petite phrase clé « *Le mental fait un très bon serviteur mais un bien mauvais maître.* ». La vie est là pour nous guider et nous proposer des expériences et des solutions en adéquations avec qui l'on est vraiment. Si on ne s'ouvre pas à cette guidance, alors on ne peut vivre la meilleure existence que l'on pourrait vivre. Le contrôle, c'est se fermer au champ des possibles où résident toutes les potentialités. Le contrôle mène aux burnouts, aux dépressions, à des tracas par-dessus la tête parce qu'on ne peut, en tant qu'être humain, gérer tout cela.

Cela se traduit aussi par la mise en place d'objectifs. Chaque fois que vous vous fixez un objectif, vous pouvez vous demander pourquoi vous vous le fixez. Prend-t-il sa source dans un manque ou un désir égoïste de possession ? Ou dans un alignement total avec l'âme ? Cela demande d'être très alerte afin de ne pas tomber dans ce piège de l'égo et de la dualité. Votre personnage peut très facilement prendre les rênes de votre vie et s'octroyer tellement de place que votre âme est alors réduite au silence. Si lorsque vous vous fixez un objectif, les deux seules issues possibles sont « *réussir ou échouer* », alors vous faites « *fausse route* ». Disons plus simplement que vous risquez d'en souffrir dans les deux cas. Si vous échouez, ce sera difficile à vivre pour votre égo. Si vous réussissez, la Vie pourrait aussi vous enlever cela plus tard pour vous en faire faire l'expérience et vous détacher de toute attente de résultat.

L'Univers est là pour nous guider à chaque instant et les lois naturelles sont là pour nous montrer la voie à suivre. En aucun cas, il nous est demandé de tout contrôler mais bien de nous laisser guider à travers les expériences les plus pertinentes pour notre propre évolution. Si vous forcez les choses en permanence, vous bloquez le processus naturel de la Vie qui nous demande d'accompagner ce flux naturel.

LE LACHER-PRISE : LA VOIE DE L'INSPIRATION

En me laissant aller et inspirer par la Vie, par Dieu, par mon intuition, par les autres, par mes guides, par les situations que je vis au quotidien, par toutes les personnes que je côtoie, alors je m'autorise à m'ouvrir à ce dont je n'ai pas conscience aujourd'hui.

Pour cela, je vous invite à faire le vide en vous en accord avec la loi de l'Unité, à vous connecter à cet espace infini qui nourrit chaque parcelle de votre être, à ne pas chercher à contrôler tout ce que vous faites. Lorsque vous faites face à un obstacle, un problème, quel qu'il soit, ne cherchez pas à le résoudre à tout prix. Vous n'avez pas besoin de tout comprendre, de tout contrôler. Laissez naître cet espace de tranquillité en vous qui va vous permettre de vous laisser inspirer par une source extérieure ou intérieure par l'intermédiaire de votre âme. Si vous vous abandonnez à tout ce qui Est, tout ce qui est potentiellement possible, tout ce dont vous n'avez pas conscience actuellement, que vous laissez la place à Dieu et à tout ce qui peut venir vous aider, alors vous ouvrez les portes de la meilleure solution pour vous à chaque instant. Wayne Dyer partage un conseil magnifique dans son livre sur le pouvoir de l'intention qui est d'afficher une pancarte que l'on verra en début de journée disant : "*Bonjour, ici Dieu. Je m'occuperai de tous vos problèmes aujourd'hui. Je n'ai plus besoin de votre aide, alors passez une miraculeuse journée*". Vous pouvez simplement confier votre problème à des forces supérieures, à la Source, à l'Univers et laisser tout cela se régler tout seul.

En étant dans ce lâcher-prise et cet accueil de tout ce qui est, vous pouvez obtenir des résultats que vous n'auriez pas soupçonnés et qui peuvent être bien meilleurs que tous les scénarios que vous aviez imaginés auparavant. En vous connectant à cette intuition, vous vous permettez d'accueillir toutes les meilleures solutions possibles. Lorsque vous laissez s'exprimer la Vie à travers vous, un univers de nouvelles possibilités vous est servi sur un plateau d'argent. Plutôt que de vous prendre la tête sur un « problème » que vous n'arrivez pas à résoudre consciemment, alors laissez simplement la magie de la Vie vous inspirer et résoudre le problème à votre place. Vous avez toutes les clés, toutes les réponses en vous. Mais il vous faut leur laisser de la place pour qu'elles puissent émerger dans votre expérience. Ainsi, vous obtenez des réponses aisément à tout ce qui peut vous causer du souci. Arrêtons de nous prendre la tête sur des problèmes que l'on ne pourrait jamais, ou difficilement et mal résoudre par soi-même. Laissons-nous inspirer par tout ce qui peut potentiellement nous aider et dont nous n'avons même pas conscience ou connaissance.

La Moindre-Résistance c'est aussi opter pour la simplicité. La vie est simple. On la complique. Mais elle est fondamentalement simple ! Les humains ont tendance à se compliquer beaucoup trop l'existence alors que la simplicité donne généralement les meilleurs résultats. L'objectif est d'apporter de la Fluidité dans votre vie. Quand vous faites face à un obstacle, il y toujours de nombreuses options possibles pour le franchir. Vous pouvez foncer dedans tête baissée en espérant le fracasser mais c'est parfois déployer une force et une énergie colossale sans être certain d'y arriver. Vous pouvez aussi l'escalader, le contourner, creuser et passer dessous, l'abattre, appeler de l'aide, utiliser différents outils, louer un engin de chantier, engager une équipe pour faire le job à votre place, etc. Il existe toujours une infinité de solutions à tout « problème ».

Il vous faut entendre que tout est énergie en mouvement à chaque instant. Si vous maintenez votre attention sur le problème, qui est votre création en passant, vous le renforcez et le cristallisez dans la matière. Pourtant, vous pouvez simplement fluidifier cette énergie et laisser venir à vous les meilleures options pour triompher de cet obstacle, en ressortant grandi, plus fort, plus conscient. En apprenant à ouvrir votre cœur en toute situation et à vous laisser inspirer par le Divin en vous ainsi que par vos guides, vous vous autorisez à recevoir des solutions auxquelles vous n'auriez jamais pensées ni crues possibles. Des portes s'ouvrent et vous pouvez jouir d'une meilleure existence instantanément. Le théâtre de la Vie est avant tout un jeu d'improvisation. Le scénario n'est pas tout écrit à l'avance. On peut savoir où l'on souhaite aller et comment cela doit finir, mais la voie, l'histoire entre le commencement et la fin, n'a aucune importance. Vous pouvez choisir un scénario dramatique tout comme une comédie légère et pleine de surprises incroyables. Entendez ici que l'accueil règne en maître. Tout ce que vous refusez dans votre vie, vous l'amplifiez puisque vous y faites obstacle et empêchez l'énergie de circuler. Accueillez toujours ce qui vient et acceptez que ce qui arrive dans votre vie soit présent pour une bonne raison et que vous pouvez en extraire des trésors.

FAIRE TOUJOURS DE SON MIEUX

Les accords toltèques sont au cœur du respect des lois naturelles de l'Univers. Le quatrième accord nous dit de toujours faire de notre mieux. C'est une recette merveilleuse car elle nous permet de déculpabiliser de tout ce que l'on pourrait mal faire. Il n'y a aucune perfection à atteindre. On est tous en chemin et chacun fait de son mieux à chaque instant en fonction de son expérience de vie. Même le pire acte peut être pardonné puisque la personne qui le commet a simplement fait ce qui lui semblait le plus juste à un instant donné. La vie se chargera de lui montrer qu'elle n'était pas sur la bonne voie pour lui permettre d'évoluer. Dans tous les cas, l'Univers n'est qu'Amour et ne juge aucun acte. Il s'assure simplement de l'Harmonie et de l'Equilibre à chaque instant.

L'idée ici est de rester connecté au fait d'être pleinement ici et maintenant à agir dans une action consciente sans attente de quoi que ce soit. J'avance sans me mettre aucune pression de résultat, sans attente, sans recherche de perfection. Je fais simplement de mon mieux en étant au service de la vie et des autres, et c'est parfait comme cela. La vie ne me demande pas une rigueur absolue. Peu importe les résultats que je connais aujourd'hui ou ce que je pense qui est en train d'arriver. Tout ce que j'ai à faire est de faire de mon mieux ici et maintenant sans considérer quoi que ce soit d'autre. Si je fais de mon mieux et que je vis dans l'instant présent, alors je suis dans le lâcher-prise.

Faire de son mieux est aussi synonyme d'être dans l'intention pure. Tant que votre intention est de faire de votre mieux, vous vous autorisez à vivre une vie riche et épanouissante. Dans cette attitude, vous ne pouvez qu'obtenir des résultats incroyables. C'est ce qui m'est arrivé quand je suis devenu champion du monde. Je n'attendais rien et j'ai simplement donné le meilleur. J'ai déjoué tous les pronostics et j'ai fait tomber les plus grands parce que j'étais simplement ici et maintenant à donner le meilleur de moi-même. Rester sur la plus haute marche du podium par la suite s'est avéré beaucoup plus difficile car j'ai dû apprendre à mettre mon égo de côté alors que je savais être parmi les meilleurs. Ce qu'il est important de comprendre, c'est que les résultats importent peu, la destination n'est pas importante. Tout ce qui compte est d'être sur le chemin de l'expérience et de donner le meilleur de soi-même. Le résultat n'est qu'une expérience et je peux autant me nourrir d'une victoire que d'une défaite. Faire l'expérience des polarités est toujours source de grands enseignements.

L'EQUILIBRE ENTRE LACHER-PRISE ET TENIR-BON

N'oubliez jamais que nous sommes déjà des êtres spirituels et que nous sommes venus vivre une expérience matérielle pour expérimenter, s'enrichir personnellement et contribuer à la Libération de l'humanité. Ce monde de matière nous demande d'agir. Il ne faut pas se servir des lois universelles pour se reposer sur ses lauriers en se disant que tout ira toujours bien. Ma vision est que si vous n'êtes pas dans l'action consciente de faire de votre mieux pour avancer en direction de vos désirs d'âme, alors vous faites un affront envers la vie et envers vous-même. Si vous ne visez rien et que vous ne tenez pas bon la barre pour avancer du mieux possible dans la direction qui vous tient à cœur, alors c'est un véritable gâchis et un déni de la vie qui vous habite. Dans tous les cas, si la Vie estime que vous vous tournez trop les pouces, elle viendra vous faire sortir de votre zone de confort. Cela ne signifie pas d'être toujours dans l'action, bien au contraire, mais de se sentir en sécurité pour contribuer naturellement au monde dans lequel nous vivons.

Si aujourd'hui, vous n'êtes pas pleinement satisfait de votre vie, c'est que vous ne donnez pas le meilleur de vous-même ici et maintenant. Vous ne vivez pas votre vie avec autant d'intensité que vous le pourriez. Vous pouvez retrouver sur ma chaine YouTube une conférence sur les 2 uniques secrets pour réussir et être heureux. Le premier est l'authenticité, le fait d'être soi-même, dans son essence, à chaque instant. Et le second est de vivre avec intensité. Je vous invite à la visionner pour pleinement comprendre ces 2 clés essentielles car vous n'avez absolument rien besoin d'autre. Si vous connaissez aujourd'hui des échecs ou que vous êtes vraiment insatisfait de votre vie, c'est déjà très bien d'en avoir conscience. L'étape suivante consiste à accepter cette situation. Ce qu'il vous manque est simplement un peu de lâcher-prise pour comprendre que quoiqu'il arrive, vous êtes la meilleure personne, au meilleur endroit, pour faire ce que vous avez de mieux à faire. Et c'est tout ce dont vous avez besoin. Si vous saisissez que vous n'avez rien de spécial à faire ou à atteindre si ce n'est d'être vous-même et de donner le meilleur de vous, alors vous allez briller. C'est ce que font les personnes qui ont vraiment du succès et qui sont heureuses. Elles donnent leur vie pour avancer dans une direction qui font vibrer chacune de leurs cellules. Elles ne cherchent pas forcément à atteindre leurs rêves mais à tendre le plus proche possible de ces derniers.

Ne soyez pas dans ce choix binaire de la réussite ou de l'échec. Vous êtes déjà en train de réussir, à chaque seconde de votre vie. Être en vie est une réussite. Faire de votre mieux est une réussite. Personne ne vous demande de réussir. Tout ce que vous avez à faire est de vous connecter à votre âme et à avancer en conscience vers ce qui vous fait vibrer. Souvent, ce cheminement est même inconscient. Ouvrez-vous alors simplement au meilleur qui puisse vous arriver.

L'idée derrière tout cela est de persévérer quoi qu'il arrive car il n'y a aucune fatalité et rien ne devrait jamais pouvoir vous arrêter si vous sentez que vous êtes sur la bonne voie. La vie vous aide à aller de l'avant et à rester dans votre alignement. Tous les obstacles que vous vivez ont une raison et les accepter ouvre naturellement les portes vers la voie que vous devez à présent emprunter. Tout n'est pas toujours tout rose dans la vie mais ce qui est certain, c'est que plus vous vous frustrez et vous concentrez sur ce qui ne va pas et sur ce que vous n'arrivez pas à contrôler, plus votre vie sera chaotique. Marc Aurèle a dit une phrase tout à fait remarquable qui est « *Que la force me soit donnée de supporter ce qui ne peut être changé et le courage de changer ce qui peut l'être mais aussi la sagesse de distinguer l'un de l'autre.* ». Agissez aujourd'hui en appliquant ce dicton. Lâchez-prise sur ce que vous ne pouvez contrôler et agissez envers ce que vous pouvez changer, même à votre petite échelle. Chaque pensée positive entretenue est un pas vers une vie plus agréable et une meilleure Humanité. Vivez votre vie avec légèreté, sans prise de tête, avec Amour et surtout en donnant le meilleur de vous-même et vous serez heureux tout en contribuant largement à l'émergence d'un monde plus juste et sain.

ENERGIE EN MOUVEMENT ET IMPERMANENCE

Je souhaite ici refaire un point sur l'énergie de la Vie en mouvement permanent. L'énergie va toujours là où elle peut aller le plus librement possible. Si rien ne lui fait obstacle, elle abondera dans ce vers quoi il lui est le plus facile d'aller. Ainsi, plus nous focalisons notre énergie sur un élément en particulier, plus celui-ci prendra racine et existera de façon durable dans notre vie. Si notre attention est tournée vers ce que l'on ne désire pas, alors l'énergie abondera dans ce sens. Si elle rencontre des obstacles comme des croyances limitantes, elle cherchera un autre chemin. *Where attention goes, energy flows.* Là où il y a de l'attention, l'énergie coule à foison. Toutefois, il faut aussi comprendre que rien n'est permanent dans l'Univers, si ce n'est l'impermanence. L'énergie ne reste jamais statique, elle est en mouvement permanent. Ainsi, tout fluctue, bouge, danse, circule en permanence. Si l'énergie ne peut circuler en un endroit et y reste bloquée, alors cela créera des dissensions. C'est ainsi que naissent les maladies par un déséquilibre d'énergie, c'est-à-dire un manque ou un surplus, dans une région donnée de nos corps (et non uniquement notre corps physique). C'est aussi la raison pour laquelle la pensée positive peut être destructrice si elle est imposée et qu'elle renie la réalité. C'est ce que j'appelle la fausse lumière qui est mise en avant dans les courants *New Age*, dans les religions et différents dogmes. Elle aveugle et nous illusionne sur la réalité. C'est comme si d'un côté, les médias ne montraient que le négatif, et de l'autre côté que la pseudo-spiritualité ne montrait qu'Amour et Lumière. La Vérité est que ces deux forces sont présentes sur Terre et que l'on doit les accepter comme faisant partie de la dualité. On ne peut forcer les choses à se passer comme on le souhaite car c'est la plupart du temps une manifestation de l'égo. Comprenez-vous ici à quel point la notion de contrôle peut entraver votre plein épanouissement ? Nous avons appris à vouloir tout contrôler sur qui nous arrive alors que nous faisons justement obstacle aux cycles naturels de cette façon. On essaie de faire en sorte que les choses se passent d'une certaine manière et selon un ordre précis alors que la vie demande un renouvellement permanent.

Ce renouvellement demande de faire de la place, de nettoyer l'ancien, de laisser partir ce qui n'a plus sa raison d'être, tout comme le feu va purifier la terre pour lui rendre sa fertilité et lui permettre de redonner la vie. Il faut qu'il y ait destruction, transformation ou transmutation de l'ancien pour que le nouveau puisse émerger, renaître, ou que l'ancien puisse se régénérer. Comme nous l'avons vu, il est par exemple vain de penser que l'on peut transformer un système de l'intérieur, comme notre système pyramidale. Le but est alors de construire quelque chose de nouveau qui viendra remplacer l'ancien qui disparaîtra naturellement. Il est vital de ne pas s'attacher à l'existant puisque l'existant est voué à disparaître. Dans une logique d'évolution personnelle et collective, on se doit de toujours être centré sur l'Être, sur l'énergie en mouvement et d'avoir son attention sur le champ des possibles qui nous ouvre de nouvelles voies d'évolution.

Si vous stockez l'ancien qui n'est plus en accord avec votre énergie actuelle dans votre vie, alors tout ceci empêche au nouveau de s'installer. Certaines personnes gardent avec elles des croyances, des objets, des personnes dans leur vie, qui n'ont absolument plus aucune raison d'être. Ces éléments nourrissent des parts de vous qui ne sont pas complètes et qui manquent d'amour. Cela comble un vide qui vous empêche de mettre en lumière ces zones d'ombre que vous avez à transmuter. Si vous refusez de laisser partir ce qui n'a plus sa place, vous faites obstacle à la loi des cycles et empêchez l'énergie de circuler de façon fluide dans votre vie. Vous pouvez travailler sur votre élévation vibratoire et adopter un feng-shui parfait dans votre lieu de vie par exemple avec de jolis tableaux, des plantes, des pierres, etc. Toutefois, si parmi toute cette nouveauté, vous gardez des choses anciennes tels que des vêtements que vous ne mettez plus depuis 5 ans, des livres obsolètes, des photos qui vous rappellent au passé, alors ce processus ne peut être pleinement bénéfique. Tout ce qui est d'une vibration différente de la vôtre actuellement n'a pas sa place. C'est à vous d'en prendre conscience et de faire le ménage qui s'impose. Evidemment, cela joue aussi sur vos pensées et croyances. Il est parfois temps d'arrêter les programmes automatiques qui tournent en boucle dans votre tête ou dans les mots que vous dites. La parole est créatrice et si vous ne mettez pas de l'ordre entre ce que vous dites et qui vous êtes vraiment, alors vous ne pouvez exprimer votre Vérité, qui vous Êtes vraiment. Cela va se traduire également dans les habitudes que vous avez, qui sont souvent automatiques et inconscientes. Ces dernières peuvent vous nuire sans même que vous le sachiez. C'est pourquoi le retour à la pleine conscience est vital et vous permettra d'adopter un mode de vie pleinement en accord avec votre vibration personnelle. Prenez conscience de tout cela de façon à être dans votre plein alignement intérieur et extérieur dans votre vie.

A RETENIR

- Focalisez sur l'instant présent. Vous n'avez pas à tout contrôler. Soyez simplement dans une action consciente qui vous rapproche de ce que vous désirez vraiment et persévérez quoi qu'il arrive.

- Développez votre foi. Eliminez la peur et les doutes. Sachez que vous allez y arriver. Tout s'arrange toujours pour vous et à votre avantage lorsque vous vous autorisez cela.

- Lâchez la peur de ne pas obtenir ce que vous voulez. C'est le grand paradoxe entre vouloir et craindre de pas obtenir. Tout ce qui compte est l'énergie dans laquelle vous êtes maintenant. Ne la gaspillez pas à vouloir contrôler ce qui arrive. Maintenez votre attention sur ce qui vous fait vous sentir bien sans mettre de tension inutile sur le futur.

- Accueillez tout ce qui est, tout ce qui vient, et faites de votre mieux à chaque instant pour tendre vers la voie que vous indique votre cœur. Détachez-vous de cette idée de perfection qui gâche votre potentiel créatif.

- Ne vous faites pas aveugler et illusionner par la fausse lumière. Tout ce qui est dénié, caché, non-dit, doit être mis à la Lumière de votre Conscience et nourri d'attention et d'Amour, sinon cela prendra racine et vous vous retrouverez à construire votre bonheur sur des bases malsaines. Accueillez ce qui doit être accueilli et mettez votre attention sur ce que vous désirez vraiment créer en votre cœur.

- Abandonnez-vous à la Vie et accueillez ce qu'elle vous donne. Ne cherchez pas à tout contrôler car vous vous coupez ainsi du champ des possibles.

- Optez pour la simplicité. On croit parfois que plus on construit des choses complexes, plus cela va donner de grands résultats. Ce qui compte avant tout est que ce soit Fluide et que vous vous sentiez bien dans toute démarche que vous entreprenez.

LA LOI DES CYCLES ET PRINCIPE DU RYTHME

« Marcher vraiment, c'est aller au rythme de la fleur qui s'ouvre. »

Michel Jourdan

Tout est cyclique dans la Vie. Tout vibre et bouge selon des rythmes dans l'Univers. Ces rythmes donnent naissance aux saisons, cycles, étapes de développement, modèles, etc. Chaque cycle est un reflet de la perfection de l'Univers. Regardez les alternances de jour et de nuit, de saison, d'inspiration et d'expiration, de naissance et de mort, de croissance et de récession. Tout suit toujours cette même logique. Vous devez en être conscient dans vos projets, dans vos aspirations, dans vos états d'énergie, tout est toujours cyclique. Tout suit ce principe de rythme, ce balancier en mouvement permanent qui oscille entre deux pôles. Il y a toujours un accroissement et une régression, une montée et une descente, une action et une réaction. Vous ne pouvez être au top de votre forme en permanence. Vous ne pouvez tout réussir en permanence. Vous ne pouvez voir clair en permanence. La vie est ainsi faite pour que vous ayez des remises en question régulières, pour que ce qui vous intéressait pendant un temps vous redirige vers de nouvelles choses qui intensifieront la passion en votre cœur naturellement. Nous sommes des êtres vivant au rythme de la Nature, même si nous nous en sommes fortement éloignés pendant notre ère. Nous sommes toujours dépendants de ces cycles. Et vous vous devez de les accepter. Vous vous devez d'accepter que parfois vos affaires marchent moins bien. Vous vous devez d'accepter que certaines choses doivent disparaître au profit d'autres. Vous devez accepter que tout est changement dans la vie de par cette loi des cycles. C'est d'ailleurs ce point-ci qui est rarement accepté : celui de la récession et de la destruction. Cela fait partie de la vie. Chaque chose connaît un début et une fin dans notre réalité bien que tout soit éternel dans l'Unité. Prenez conscience de tous ces cycles qui nous composent et nous entourent. Et pensez également à notre façon de vivre sur Terre aujourd'hui. Vous constaterez qu'il y a un déséquilibre immense. L'important est de noter que l'on peut rétablir cet équilibre par des actions concrètes dans sa vie et l'instauration d'habitudes plus justes et saines pour soi, pour les autres et pour l'environnement. Mais aussi et surtout que ces cycles répondent à un appel intérieur que l'on se doit d'écouter. Le corps sait ce dont il a besoin en fonction des rythmes imposés par l'Univers et la Nature.

Cette loi est intrinsèquement liée à la loi du don puisque le don active le cycle du donner/recevoir. La personne qui n'est pas prête à donner n'est pas prête à recevoir, tout simplement. Vous devez pouvoir donner de votre temps, de votre énergie, de ce que vous possédez, donner à vous-même et aux autres, donner de l'amour, partager. Tout ceci fait partie d'un processus naturel qui vous permet de recevoir davantage en retour. Imaginez que le don soit représenté par l'expiration et le recevoir par l'inspiration. Lorsque vous naissez, vous inspirez une première fois, vous donnant cette énergie de vie d'une puissance prodigieuse allant nourrir tous vos corps. Puis vous redonnez cet air dans votre expiration sous différentes formes. Le souffle redonne votre énergie à la Vie qui va s'en nourrir à son tour. Vous ne pouvez expirer que si vous avez inspiré. Et vous ne pouvez inspirer que si vous avez expiré. Votre vie termine sur un dernier souffle.

Tout part de la Source et y retournera. Nous venons sur Terre nous incarner afin de vivre différentes expériences nous permettant d'évoluer rapidement dans la dualité. Ne pas s'attacher à quoi que ce soit est nécessaire pour vivre l'Unité au sein de la dualité et laisser l'Univers rester en équilibre et en harmonie avec les cycles naturels. *Je me dois vraiment de prendre conscience que tout ce que je vois est un reflet de qui Je Suis. Toutefois, cela ne m'empêche en rien de créer la vie que je désire sur le plan physique. Je choisis pleinement à chaque instant le personnage que je crée dans cette réalité ainsi que les expériences physiques que je décide de vivre. Ceci ne dépend que de moi. Evidemment, certaines blessures et croyances limitantes peuvent être activées durant ce processus, m'empêchant de réaliser instantanément dans la matière ce que je veux vraiment.* Mais c'est aussi et surtout pour cela que l'on vient sur Terre : pour se confronter à ses zones d'ombre, les mettre en lumière et faire disparaître ces blocages énergétiques. *En faisant cela, je participe également au nettoyage de l'ombre sur Terre et donc à la Libération de l'humanité. Je peux donc à chaque instant diriger mon attention sur ce que je veux vraiment, afin d'intensifier le flux d'énergie sur des fréquences particulières. C'est un véritable jeu !* Mais attention car on peut facilement se prendre les pieds dans les mailles du filet, à jouer avec des règles que l'on n'a pas choisies. On peut se retrouver à focaliser son attention sur ce qui ne va pas, sans même s'en rendre compte parfois, tout comme la grenouille qui finit cuite en prenant son bain dans la marmite qui chauffe à feu doux. Une nouvelle fois, l'écoute de soi et des signes de la Vie est absolument essentiel.

Un dernier point sur les cycles : plus les cycles sont longs, moins ils nous sont perceptibles avec notre vision humaine. Il en existe un de près de 26000 ans où notre système solaire traverse les différents signes zodiacaux apportant des énergies différentes. L'ère que nous vivons aujourd'hui est celle du Verseau apportant du renouveau, une expansion et des possibilités merveilleuses qui refont surface. L'humanité a déjà connu des âges d'or mais l'histoire a occulté tout cela bien que l'on connaisse aujourd'hui l'existence de l'Atlantide, de la Lémurie et d'autres civilisations anciennes qui avaient des capacités spirituelles et des technologies bien supérieures à la nôtre aujourd'hui. Il est important de conscientiser que nous sommes dans un âge sombre. Nous en sortons et cette période d'ascension est merveilleuse dans les possibilités qu'elle offre mais cela reste une période où l'humilité est primordiale. Oui les choses changent, on a accès à des savoirs que l'on ne soupçonnait pas, on prend conscience de la souffrance animal et végétal, d'autres types de médecines voient le jour, etc. C'est un monde fabuleux qui émerge. Mais tout cela reste encore marginal. L'énergie de contrôle est encore au pouvoir. Les capacités spirituelles se développement doucement. L'ADN prend du temps à s'activer. Cela va vite, mais souvent pas assez pour l'égo spirituel[22]. Le prochain âge d'or sera dans des milliers d'années. D'ici là, nous avons tant à expérimenter et à explorer. L'important est de ne pas s'attacher à cette réalité extérieure. De tout temps, notre Richesse Intérieure est accessible. Elle l'est beaucoup moins facilement en période d'âge sombre et cela offre seulement d'autres types d'expérimentations. Vous ne pouvez aller contre ces cycles. Aujourd'hui il est normal de voir de la violence et l'égo mis en avant. En période d'âge d'or, ceci est ridiculisé tout comme la spiritualité et l'énergétique peuvent l'être aujourd'hui bien qu'ils le soient de moins en moins. Soyez juste conscient qu'il n'y a rien à atteindre à l'extérieur. Ce que Vous Êtes en Essence ne peut être impacté par quoi que ce soit. L'âme peut l'être mais à partir du moment où vous reprenez conscience de votre Pouvoir Créateur et ouvrez votre conscience à ce que vous savez déjà mais dont vous êtes encore inconscient, alors le chemin ne fait que s'ouvrir merveilleusement. L'important encore une fois est votre richesse intérieure, non ce qu'il se passe dans la réalité matricielle ou physique.

[22] Plus d'explications sur l'égo spirituel : https://terrecristalline.fr/ego-spirituel/

COMMENT VIVRE EN ACCORD AVEC LA LOI DES CYCLES

Le premier point à respecter afin d'être en harmonie avec la loi des cycles est donc de respecter les cycles de la nature, ou plutôt de les accueillir en les honorant car ils ont tous leur raison d'être. Tout part de rien et y reviendra. Tout nait, croît, mature, décroit et se transforme pour donner une nouvelle naissance. On peut redynamiser ce cycle de façon à ce qu'un élément puisse tenir dans le temps mais il finira naturellement par laisser place au nouveau. Il est important de suivre les saisons, les lunaisons, et tous les cycles naturels qui sont là pour nous guider tout au long de notre existence. Les énergies de l'automne et de l'hiver vont être davantage propices à l'introspection et au fait de prendre du repos alors que le printemps et l'été seront synonymes d'émergence et d'action. Tout comme les pleines lunes et les lunes noires vont apporter leurs lots d'énergies particulières. De même, les femmes ont des cycles précis qui favorisent tantôt les énergies d'introspection et tantôt les énergies d'extériorisation. Il s'agit ici de ne pas se figer sur une façon de vivre précise et stricte puisque vous ne pouvez aller à l'encontre des énergies naturelles de la vie qui sont fluctuantes. D'une façon générale, vous avez simplement à vous laisser guider par vos ressentis. Lorsque vous vous forcez à faire certaines choses alors que vous n'êtes pas dans la bonne énergie, vous ne pouvez obtenir de bons fruits. Vous savez pourtant qu'il est vain d'essayer de faire pousser des tomates en hiver. Alors pourquoi forcer notre propre énergie alors que celle de la saison ou du moment est propice à l'introspection et au repos ? Vous devez vraiment revoir votre façon de fonctionner et vous adapter aux cycles naturels de la Vie.

Le second point est de respecter ses cycles personnels. Chacun d'entre nous avons des cycles et des besoins différents. Dans notre société, on a l'habitude de travailler chaque jour de 8h à 18h, et en réalité, c'est contre-productif et ne favorise pas l'émergence d'un état de plénitude ou de bien-être. Il y a des moments dans la journée où l'on a une forme olympique et l'envie d'avancer dans nos projets, et d'autres où le repos s'impose. C'est là que notre façon de vivre pèche puisque nous travaillons tout au long de l'année sur un rythme constant sans se préoccuper de notre façon de fonctionner. Notre humanité future, qui aura pleinement intégré ces principes, ne pourra plus fonctionner selon ces modes de fonctionnement imposés et anti-vie. Le lâcher-prise et l'acceptation des cycles naturels seront au cœur de toute activité. Personnellement, une journée type de travail pour moi est à peu près de 8h à 11h, puis de 12h30 à 15h et enfin de 18h30 à 21h. Mais chaque jour est différent. Je vais toujours réserver ma matinée pour avancer sur mes projets et sur les tâches importantes de la journée, puis je me laisse la liberté de travailler ou non par la suite, et en fonction des rendez-vous que je dois honorer. Vous devriez également considérer avoir des temps de repos régulièrement pour régénérer le corps. Ce sont à la fois des moments de repos journaliers, mais aussi à plus long terme, comme prévoir des coupures de plusieurs jours sans technologie, des vacances, etc. Il est trop facile de se laisser happer dans un quotidien qui va épuiser le corps et l'esprit.

Respecter ses cycles, c'est aussi écouter ses besoins en termes de nourriture. Peut-être qu'un repas par jour vous suffit amplement ou peut-être qu'il vous en faut huit. Mais également respecter les moments où vous souhaitez être seul et ceux que vous souhaitez partager. On peut toujours aller davantage en profondeur sur tout cela et c'est à vous de vous écouter pour savoir ce qui est le plus juste.

5 CYCLES PUISSANTS A EXPERIMENTER

A présent, je souhaite vous partager différents cycles que j'ai pu comprendre et expérimenter dans ma vie et qui ont pleinement leur place ici à titre d'illustration et d'inspiration.

Le premier cycle est celui de l'homme et du divin qui pousse à se poser la question suivante : « *Quel but puis-je poursuivre et qui me dépasse ?* ». L'être humain est le moyen d'expression de Dieu ou de l'Univers dans la matière. Si je ne poursuis que des buts issus de mon petit moi ou de mon égo, alors je ne fais pas honneur à la Vie qui me traverse et l'Univers me donnera le minimum pour avancer. Si au contraire je me mets pleinement au service de la Vie et que je décide de poursuivre des buts qui me dépassent personnellement, alors l'Univers va conspirer à m'apporter tout ce dont j'ai besoin pour accomplir de grandes choses qui serviront l'humanité tout entière. La vie ne se résume pas à faire ses petites études, obtenir un travail bien payé, construire sa petite famille, attendre la retraite, et profiter des derniers instants de la vie. En réalité, vous pouvez vivre la plus merveilleuse existence dans cette logique-là puisque ce qui compte avant tout est de vous sentir bien ici et maintenant et de développer votre présence et la pleine affirmation de Soi à chaque instant. Mais tout porte à croire que l'être humain se limite dans ses possibilités à long terme. Il surestime souvent ce qu'il peut faire à court terme mais sous-estime ce dont il est capable à long terme. De plus, la plupart des gens prennent leurs décisions en se basant sur l'extérieur. Le manque d'argent ou un environnement non propice va les inciter à prendre des décisions qui les rendent malheureux. Je vois souvent le cas suivant se présenter dans mon activité. Lorsque j'organise un stage, de nombreuses personnes finissent par se désister par manque d'argent. En réalité, elles attendaient d'avoir l'argent disponible pour prendre la décision de venir, ce qui n'est jamais arrivé bien entendu. Or, lorsque vous prenez la décision, que vous engagez toute votre énergie dans un processus, alors tout l'Univers conspire à vous apporter les conditions favorables pour que ce soit possible. Alors quel objectif vibrant pouvez-vous suivre maintenant et qui vous dépasse très clairement ? L'idée ici est de faire circuler l'énergie entre le Ciel et la Terre en ramenant son Essence spirituelle dans la matière et en revenant se nourrir pleinement auprès de la Source à tout moment.

Le second cycle est celui de l'unité et de la diversité qui invite à se poser la question : « *Qu'est-ce qui fait de moi un être unique ?* ».

Chacun d'entre nous est unique. Chacun d'entre nous a une vibration particulière. Chacun d'entre nous a un ADN spécifique qui vibre à une fréquence particulière. Chacun d'entre nous a des talents naturels spécifiques. Chacun d'entre nous a des aspirations spécifiques. Chacun d'entre nous a une Vibration Originelle[23] telle une empreinte ou signature énergétique unique. On est dans un monde qui est d'une richesse absolument infinie. Quand on regarde le monde autour de nous, les créations de la nature et de l'être humain, la richesse des espèces, comment tout s'imbrique dans un équilibre parfait, on ne peut douter que tout existe à profusion. C'est la diversité et la richesse de la vie. Et quel est notre rôle dans cette diversité ? Il est simplement d'être soi-même puisque nous sommes tous uniques. La seule façon pour nous de contribuer à cette richesse et à cette diversité est d'apporter notre unicité au monde, celle que personne d'autre ne peut apporter. C'est faire profiter de notre vibration spécifique aux autres pour les enrichir énergétiquement. Ainsi on sert la Vie de la meilleure des façons et elle nous remercie en nous servant l'abondance sur tous les plans afin de continuer à cultiver notre lumière et à la rayonner autour de nous. Nous reviendrons sur ce sujet lorsque nous aborderons la loi du Dharma.

Le cycle suivant est celui du don et de la création qui invite à se poser la question suivante : « *Que puis-je donner avec enthousiasme sans rien attendre en retour ?* ».

Quand on commence à s'intéresser à la loi de l'Attraction, on se centre généralement sur l'avoir en demandant à l'Univers ce que l'on souhaite recevoir. Or, la vie, comme nous l'avons vu avec la loi du don, c'est du don ! Et ce don ne peut se matérialiser qu'à travers la création et le fait

---

[23] Voir le livre « La Vibration Originelle »

d'être pleinement dans son unicité. Etre dans une attitude de création vous permet d'activer les lois de l'Univers avec Harmonie. Vous n'essayez plus de ressembler aux autres ou de faire comme les autres. Vous créez ce qui vous semble juste selon votre inspiration. Ce point-là est fondamental. Il ne nous est jamais demandé de travailler dans la lutte. Ce qui est obtenu par la force du travail et de la persévérance est une excellente chose évidemment. Mais rien ne nous oblige à souffrir et le souffle vivant peut seulement s'exprimer pleinement à travers soi si l'on est dans un enthousiasme affirmé et libéré ! Si tout ce que vous faites dans votre quotidien est empreint d'enthousiasme car vous vous sentez à votre place et que vous prenez vraiment plaisir à faire ce que vous faites, alors vous allez créer de la magie ! C'est cette création qui vient de votre cœur qui va vous permettre de recevoir de merveilleux cadeaux en retour et d'être nourri sur tous les plans. Si vous continuez à travailler chaque jour seulement pour gagner de l'argent et pour pouvoir payer vos factures à la fin du mois, alors vous ne pouvez être en accord avec ces belles lois qui nous invitent à la Légèreté et au Don de Soi pour recevoir l'Abondance.

A présent, voyons le cycle de la manifestation qui prend à revers de profondes croyances et qui nous invite à nous poser cette magnifique question : « *Que puis-je simplifier pour amplifier ?* ».

Nous sommes dans la loi de la Moindre-Résistance ici. Dans notre société, nous avons tout compliqué. On achète énormément de choses de façon à assurer notre sécurité et être toujours plus installé dans la vie. Cette soif d'obtenir toujours plus et de construire sa sécurité fait naître tous les conflits sur Terre car une fois que l'on possède, on souhaite garder et protéger ce que l'on a acquis, créant ainsi la séparation et l'isolement. On commence à avoir peur de pouvoir les perdre et on attire la convoitise des personnes qui nous entourent. En réalité, plus vous accumulez de biens physiques, plus vous encombrez votre espace et apportez de la complexité à votre vie. Or, la vie fonctionne dans la Fluidité. Plus vous laissez de l'espace pour que l'essentiel puisse émerger, plus vous permettez à l'énergie de circuler librement. Ainsi, vous obtenez toujours ce dont vous avez besoin et ce qui est juste pour vous dans l'instant. Plus on vit simplement et plus la Vie est généreuse car on s'autorise à recevoir le meilleur pour Soi dans l'instant. Plus vous essayez de contrôler et de diriger votre vie d'une certaine façon et moins vous permettez à la vie de s'exprimer pleinement à travers vous et donc de vous apporter ce qui fait vraiment du sens et vous nourrit pleinement. Demandez-vous maintenant ce dont vous pouvez vous séparer car cela n'a plus sa place dans votre vie. Demandez-vous les habitudes que vous avez et qui ne sont plus en cohérence avec qui vous êtes, voire qui sont néfastes. Cela peut être de manger à des heures fixes alors que vous n'avez pas faim ou encore d'utiliser un réveil matin qui vous met de mauvaise humeur dès la première seconde de votre journée, ou encore des activités et des personnes avec lesquelles vous n'avez plus d'affinités et vous pompent votre énergie. Vous possédez certainement des objets complètement obsolètes qui polluent votre espace. Vous entretenez probablement des pensées chaque jour qui vont à l'encontre de ce que vous voulez vraiment. Réfléchissez à tout cela. C'est peut-être l'heure du grand ménage et il n'a jamais été aussi important qu'aujourd'hui de faire place nette pour laisser le meilleur émerger.

Le dernier cycle dont je souhaite vous parler est celui de la transmutation qui est en lien direct avec la loi du Karma. Vous pouvez tout transmuter aujourd'hui pour révéler votre pleine Lumière. La question à vous poser est « *Qu'est-ce qui me cause du tort aujourd'hui ?* ».

Ce qu'il faut entendre derrière cette question, c'est que toutes les réponses que vous pourriez donner sont de potentielles pépites ! Vous pouvez transmuter toutes ces douleurs, frustrations, peurs, colères, en magnifique lumière qui viendra nourrir votre Être. Ce sont vos zones d'ombre qui ne demandent qu'à être éclairées. Rien n'est bien ni mal en soi, vous pouvez transformer toute émotion, toute épreuve, tout obstacle, en or ! Alors quelles sont les zones de tension dans votre vie ? Quelles sont vos douleurs et vos frustrations ? Quelles sont vos peurs ? Quelles sont vos colères ? Qu'est-ce que vous fuyez à tout prix ? Qu'est-ce que vous n'osez pas vous avouer ou dire aux autres ? Tout ceci représente précisément ce qui mérite votre pleine attention. On fuit souvent tout cela car on a peur de s'y confronter alors que c'est précisément ce que l'on a besoin de mettre en lumière, de nettoyer et de libérer. Travailler sur vos zones d'ombre vous permet d'enlever les couches qui obstruent votre âme. Une nouvelle fois, il n'y a pas de bon ou de mauvais Karma, il y a juste des situations sur lesquelles vous devez changer votre regard pour être en paix avec celles-ci. L'accueil est primordial. Tant que vous maintiendrez une tension, ou que vous fuirez ou garderez cachées vos zones d'ombre, elles continueront à vous hanter. Commencez par accepter leur présence, à les accueillir comme de bons amis qui viennent vous rendre visite et vous délivrer un message enthousiaste. Vous pourrez ainsi les mettre en lumière, leur porter votre attention et les nourrir d'Amour. C'est ce processus simple qui vous permettra de libérer toute charge émotionnelle en vous. Ce processus devra être renouvelé autant de fois que ces émotions remontent à la surface.

A RETENIR

- Respectez les cycles de la nature et les alternances de rythmes. Acceptez ce qui ne peut être changé et que certaines choses doivent disparaître au profit d'autres.

- Définissez et respectez vos cycles personnels en termes de productivité, de repos, de nourriture, de temps passé en famille et avec les amis, de temps passé seul, etc.

- Ne forcez pas les choses et mettez votre attention sur ce qui est le plus important pour vous. Si vous souffrez de quoi que ce soit dans votre vie, c'est parce que vous permettez à cette souffrance d'exister. Vous pouvez y mettre fin en un instant en changeant vos vibrations et ce sur quoi vous mettez votre attention. Prenez la responsabilité des tensions/douleurs qui vous habitent afin de retrouver votre pouvoir personnel et de pouvoir vous centrer sur ce que vous voulez vraiment.

- Faites du tri dans vos possessions, vos habitudes, vos relations, vos pensées, vos émotions, dans chacune de vos paroles, etc.

- Demandez-vous quel but vous pouvez poursuivre et qui vous dépasse de façon à incarner votre divinité sur terre.

- Demandez-vous ce qui fait de vous une personne unique, quelle est votre vibration unique à apporter au monde afin de l'enrichir davantage.

- Demandez-vous ce que vous pouvez donner avec enthousiasme sans rien attendre en retour afin de vivre une vie passionnée et en accord avec votre âme.

- Demandez-vous ce que vous pouvez simplifier ou abandonner dans votre vie pour amplifier vos résultats et fluidifier l'énergie circulant dans les différents domaines de votre vie.

- Demandez-vous ce qui vous cause vraiment du tort aujourd'hui afin de pouvoir transmuter ces pépites en nouvelles opportunités, créations, sources de joie, qui vont nourrir votre être.

Prenez un temps pour répondre calmement à ces questions avant de continuer votre lecture. C'est par la mise en pratique que vous tirerez les fruits de ces enseignements.

LA LOI DU DHARMA

« Le Dharma est dans votre esprit, non dans la forêt. Ne croyez pas les autres, écoutez simplement votre esprit. Vous n'avez besoin d'aller nulle part ailleurs. La sagesse est en vous-même, tout comme la mangue juteuse et mûre à point est dans la jeune mangue verte. »

Ajanh Chah

Le Dharma est extrêmement difficile à définir avec des mots, tellement son sens étymologique est varié. Il représente à la fois la désidentification de l'égo, l'acceptation d'un état absolu accessible à chaque instant par un abandon total, un plongeon dans la vacuité menant à l'éveil, et aussi l'accès possible à une connaissance transcendante, au-delà du mental, permettant de se détacher de l'illusion de la matière et de l'identification.

La loi du Dharma représente le fait de se conformer aux lois naturelles de l'Univers afin de tendre vers la perfection de notre Être et notre expression véritable. Elle passe par la connaissance de Soi, le détachement de l'illusion auquel l'égo est identifié, et par la révélation de notre véritable essence. Elle est telle un guide pour nous permettre de rester sur les rails menant à notre Libération.

Sa première composante est celle de trouver son vrai Soi, dont chacun doit se souvenir dans son incarnation terrestre afin de mener à bien sa « *mission* ». C'est aussi la prise de conscience que nous ne sommes pas des êtres physiques venus vivre une expérience spirituelle mais bien des êtres spirituels venus vivre une expérience terrestre. Nous sommes donc poussés à redécouvrir notre véritable nature divine afin de nous exprimer pleinement dans ce plan de vie. Vous ne pouvez pas accomplir ce que vous êtes venu accomplir sur Terre sans vous révéler pleinement. Tant que vous n'êtes pas connecté à votre Vérité, à votre Divinité, alors vous ne pouvez imprégner la matière de votre Essence. Votre âme a choisi de revêtir un corps physique pour s'exprimer ici sur Terre dans ce monde en trois dimensions. Il y a différentes raisons à cela. Premièrement, c'est vivre la dualité, les forces contraires, le bien et le mal, les extrêmes, afin de vous Libérer de l'illusion du Karma. Nous recherchons avant tout la Pureté et la Libération. C'est uniquement en faisant face à ses zones d'ombre que l'on peut s'en affranchir et nous exprimer dans notre Essence. La dualité permet également de connaître les différentes faces d'une même pièce. Afin de pleinement reconnaître l'Amour, je dois aussi expérimenter l'absence d'Amour afin d'en saisir toutes les facettes. C'est souvent lorsque l'on perd quelque chose que l'on se rend compte que cette même chose existe et à quel point elle était précieuse. En parcourant ce chemin d'expérimentation des zones d'ombre et de la dualité, on s'offre la possibilité de purifier notre âme et de pouvoir exprimer pleinement qui l'on est sur Terre.

La plupart des gens œuvrent sur Terre sans conscience de qui ils sont. Ainsi, ils se calent sur le modèle de société qu'on leur présente et font en sorte de ne pas faire de vague en profitant de quelques temps de repos et de vacances bien méritées. Le problème est que ces personnes ne sont pas à l'écoute de leur âme et de leur vibration. Elles se plient aux règles de la société et à ce que les autres attendent d'elles. Elles existent à travers le regard des autres et s'identifient à ce qu'elles font dans la vie ou à ce qu'elles possèdent. J'existe alors de par mon travail, de par mes relations, de par mes activités, et ainsi de suite. En d'autres termes, j'existe à travers mon personnage qui n'est qu'une création. Or, on ne peut jouir de tous les bienfaits qu'offre cette expérience terrestre en étant attaché à toutes ces étiquettes. Tant que l'on reste dans l'illusion, on ne peut évoluer pleinement et se mettre au service de la vie comme nous allons l'aborder.

Ensuite, la loi du Dharma nous invite à révéler notre énergie originelle que l'on peut aussi appeler talent naturel impersonnel. Cette énergie est qui vous êtes dans votre Essence, ce qui fait de vous un être unique et inimitable. Elle est totalement détachée de l'égo et des compétences acquises en cette vie terrestre. Ce talent naturel ne représente pas une compétence mais plutôt un don ou une énergie qui va s'exercer dans la majorité de vos activités, et de façon plus évidente dans certaines d'entre elles. Lorsque vous êtes déconnecté de ce talent, alors l'Abondance ne peut plus affluer dans votre vie. Prenons l'exemple d'une personne dont le talent serait de sublimer la beauté des autres. Elle travaille dans un cabinet d'esthétique et magnifie la beauté des clientes qu'elle reçoit. Elle prend énormément de plaisir à faire cela et décide par la suite de créer son propre institut pour devenir indépendante et mieux gagner sa vie. Elle se retrouve à gérer toute son entreprise et à embaucher des esthéticiennes. En réalité, elle ne s'occupe plus de ses clients en direct car elle a énormément de choses à gérer dans la gestion de l'activité. Elle doit fermer l'entreprise moins d'un an plus tard pour faillite. Elle s'est coupée de son énergie naturelle ce qui lui a fermé les portes de l'Abondance. Chacun a un talent qui lui est vraiment unique et même s'il est semblable à d'autres, il sera unique dans son expression. Il existe donc une façon de vous exprimer que vous pouvez faire mieux que quiconque sur cette Terre et qui entrera en résonnance avec les personnes qui vibrent sur la même fréquence. Pour illustrer ce propos, je vais également vous donner mon exemple. Mon talent naturel impersonnel est celui d'apporter une énergie de Calme et de Bienveillance permettant de Retrouver la Sérénité, la Légèreté et la Confiance en ma Présence. Et ceci se manifeste dans tout ce que je peux faire. C'est la raison pour laquelle les personnes qui participent aux stages que j'organise se sentent tout de suite à l'aise et dans un espace de confiance où elles peuvent s'exprimer librement. Toutefois, il y a des activités dans lesquelles ce talent ne peut s'exprimer pleinement comme dans l'écriture. Il est donc à noter ici que l'on peut avoir plusieurs talents mais qu'il y en a un principal. J'ai également une âme très créative qui a à cœur de synthétiser des informations parfois complexes pour les retransmettre de façon digeste pour nous autres qui avons une expérience très matérialiste de la vie. Ce talent peut s'exprimer quand je suis seul, ce qui n'est pas le cas du premier. Tout est une affaire d'équilibre à trouver. En mettant en avant votre talent naturel dans tout ce que vous faites, votre vibration originelle rayonne alors naturellement. Vous vous sentez alors à votre place, vous avez l'énergie nécessaire pour avancer chaque jour, et vous sentez que vous contribuez à quelque chose qui fait vraiment du sens pour vous. Je vous invite à vous demander maintenant quel talent s'exprime naturellement dans tout ce que vous faites. Votre talent naturel n'est pas une activité. Il s'exprime dans chacun de vos gestes, chacune de vos paroles, chacune de vos activités. Vous n'en avez pas forcément conscience car c'est naturel mais il se peut que vous en soyez coupé. Il se peut que vous fassiez une activité professionnelle qui ne favorise pas l'expression de cette vibration pure et unique qui vous est propre. Dans ce cas, l'Abondance ne peut affluer dans votre vie. L'Univers attend patiemment que vous révéliez cette vibration pour en faire profiter tout ce qui vous entoure.

La dernière composante de la loi du Dharma est la notion de Service que l'on a déjà vu plusieurs fois dans ce voyage. C'est généralement une question qui nous vient à l'esprit sur notre chemin de vie « *A quoi est-ce que je sers ?* » puis « *Comment pourrais-je servir au mieux l'humanité de façon à laisser une trace de mon passage ?* ». Au-delà de la trace laissée, l'idée est de savoir s'effacer, laisser les désirs du petit moi de côté, de façon à mettre son âme au service de l'Univers et de l'Humanité.

La notion de Service est complètement naturelle mais on en a été coupé de par ce monde de compétition dans lequel nous vivons. On ne peut se mettre au service de la Vie et œuvrer à la Libération de l'humanité que lorsque l'on a retrouvé sa connexion avec son origine, avec la Source. Par Libération, j'entends de libérer la Terre des forces obscures qui la contrôlent et la manipulent aujourd'hui. Nous vivons dans l'illusion d'un monde qui a été complètement perverti. Nous sommes les esclaves d'un système dont ceux qui le dirigent se nourrissent de notre énergie. Nous travaillons pour eux. Nous vivons pour eux. Alors que ce n'est absolument pas naturel. On peut choisir d'être dans le déni de cette réalité ou de l'accepter pleinement et de choisir de construire le nouveau monde maintenant. En retrouvant son Essence et qui Je Suis, alors on peut œuvrer pour la Lumière et mettre notre Vibration la plus pure au service de la Vie et de l'Harmonie sur Terre. L'objectif à partir de maintenant est d'être moteur. Vous qui lisez ces lignes êtes en avance sur la majorité. Vous n'êtes pas meilleur, simplement précurseur dans le changement qui est en train de s'opérer à grande vitesse sur Terre. Vous pouvez maintenant œuvrer pour le Tout, pour la Vie, et mettre de côté vos petits désirs de sécurité qui ne représentent rien. Vous êtes venu sans rien et vous repartirez sans rien. Ce qui importe vraiment est qui Vous Êtes et la façon dont vous allez contribuer maintenant. Cette importance prend toute son ampleur quand vous osez vous mettre au service de la Vie. Vous êtes venu là pour sauver la Terre et sauver notre Humanité. Ne prenez pas trop à cœur ce rôle de sauveur que l'égo peut s'accaparer. Ce qui compte aujourd'hui est de nourrir ce qui fait sens pour vous tout en ayant conscience qu'il y a un véritable enjeu. Si vous êtes arrivé jusque-là, votre ouverture me permet de vous parler des races d'extraterrestres positives et de toutes les énergies positives qui œuvrent pour la Terre et l'Humanité. La Terre et la race humaine sont très spéciales et sont le centre d'attention de bien des préoccupations au sein de la communauté intergalactique car la malversation et la manipulation présentes sur cette planète est terrible. Des êtres appelés *starseeds* sont venus s'incarner sur Terre pour l'aider dans cette phase très particulière que nous vivons. En réalité, l'Humanité a été détruite sur une certaine ligne de temps. Les *starseeds* sont tels des êtres venus du futur (façon de parler puisque le temps est une illusion) pour contrer ce scénario probable. Tout ceci vous paraît peut-être obscur ou complètement perché. Libre à vous de faire vos propres recherches sur le sujet. Ce qu'il est important de comprendre est que si vous décidez d'œuvrer pour la Lumière et de servir le monde qui vous entoure, alors votre participation est d'une importance capitale. Et cela commence par des choses très simples à commencer par prendre soin de vous-même, de faire des choix justes et conscients et d'œuvrer dans l'Amour.

Lorsque vous êtes pleinement éveillé à votre nature divine et que vous mettez en œuvre votre talent naturel au service de la Vie, alors vous êtes pleinement en accord avec la loi du Dharma. Cette dernière nous invite à toujours être sur ce chemin de croissance personnel où il n'y a que spiritualité et incarnation de celle-ci. Plus on se coupe de la réalité physique qui est une illusion pour se reconnecter à la vibration de notre âme, et plus la magie peut faire son œuvre à travers Soi. Evidemment, nous sommes ici dans le contexte de la pure potentialité avec la Loi du l'Unité. Il n'y a plus de contrôle et d'intention de faire pour obtenir quelque chose. Il y a simplement l'expression de qui Je Suis dans un espace de potentialités infini où l'Abondance peut affluer naturellement, en quantité illimitée et de façon intemporelle. Bien sûr, cela ne vous empêche pas de « jouer » avec la loi de l'Attraction pour expérimenter tout ce que vous voulez dans la matière.

La loi du Dharma, comme toutes les lois que nous avons vues jusqu'ici, est hautement spirituelle et ne prend pas en considération votre réalité physique aujourd'hui. Il se peut que vous soyez dans une situation très pesante pour vous aujourd'hui et qui vous donne le minimum de sécurité pour survivre financièrement. Sachez que c'est le cas seulement parce que vous n'êtes pas en accord avec votre chemin de vie, avec les aspirations de votre âme, avec votre talent naturel impersonnel et que vous n'êtes pas pleinement au Service de la vie. Cette insécurité est donc une illusion qui ne pourra éclater que si vous vous autorisez à vivre pleinement votre vie. Toutefois, sachez y aller en douceur de façon à ne pas vous perdre en chemin. Nous avons tous des besoins différents et toute transition demande un certain Courage et de la Lucidité par rapport à notre situation et les personnes impliquées par les changements que l'on souhaite opérer. Ce qu'il est important de saisir est que c'est la sécurité intérieure que l'on doit développer avant tout, ce qui est synonyme de connexion avec la Source, afin d'assurer notre sécurité extérieure dans le monde physique.

COMMENT VIVRE EN ACCORD AVEC LA LOI DU DHARMA

Afin d'appliquer cette loi au mieux dans votre vie, faites avant tout une priorité de vous rapprocher de votre nature spirituelle et divine. Ainsi vous vous ouvrirez de nouveaux horizons et permettrez à votre âme de pouvoir rayonner sa belle Lumière et de commencer à s'exprimer ouvertement. C'est absolument tout ce qui compte. Vous n'avez rien à faire ou à atteindre. Vous avez seulement à retrouver qui vous êtes et à ÊTRE. Les actions que vous mettrez en place à partir de là seront naturellement empreintes de votre énergie originelle. Comme l'a dit Mata Amritanandamayi[24] « *Si vous faites votre travail en le considérant comme votre Dharma, vos actions deviennent sacrées.* ». C'est votre Libération qui est demandée afin que vous puissiez rayonner votre unicité et enrichir la diversité de ce monde. Tout ceci est synonyme d'être connecté à son âme offrant une protection naturelle face à toute vibration de basse fréquence. Si chaque personne sur Terre était connectée à son âme et à la Source, les forces de l'ombre ne pourraient avoir aucun impact puisque je vous rappelle que deux fréquences vibratoires différentes ne peuvent coexister au même endroit au même moment.

---

[24] Plus connue sous le nom de « Amma ». Elle est une figure spirituelle contemporaine de l'Inde et la fondatrice de l'ONG « Embracing the World » à but humanitaire et écologique.

Ensuite, cultivez votre force intérieure qui est cette connexion à votre âme et à la Source. Nous avons tous une force phénoménale puisque tous les potentiels et attributs de l'Univers sont présents en nous. C'est le principe de l'Univers fractal. Demandez-vous vraiment quel est votre talent naturel impersonnel qui n'est pas une activité mais plutôt une énergie. En étant connecté à cette énergie originelle et en la manifestant consciemment dans votre quotidien, vous pourrez impacter le monde de la meilleure des façons et vivre la vie que vous êtes censé vivre dans votre alignement. Ceci s'accompagne des activités dans lesquelles vous pourrez vous exprimer librement dans votre Essence. Cela demande d'expérimenter et de se laisser porter vers ce qui est juste pour Soi. Sublimer la beauté de quelqu'un peut se faire de multiples façons. Votre talent peut être d'instiller la Joie ou le rire chez les autres. Cela peut être de créer des connexions entre les gens. Cela peut être des facultés de communication dans le monde physique ou non-physique. Cela peut être un lien particulier avec la Nature. Tout est possible et tout cela peut s'exprimer de façons très différentes dans la vie. L'objectif est de toujours donner la priorité à cette énergie naturelle qui fait de vous cet être unique. Vous savez au fond de vous ce pour quoi vous êtes fait. Vous pouvez tout expérimenter en cette vie mais certaines activités éveilleront la Joie comme nulle autre !

La loi du Dharma vous invite au détachement de tout ce à quoi vous vous identifiez et qui vous permet d'exister aux yeux des autres. Vous n'êtes ni votre prénom, ni votre profession, ni votre statut social, ni vos activités, ni vos pensées et émotions, etc. Cela ne concerne que le personnage que vous jouez dans le théâtre de la Vie. C'est un jeu de tous les instants qui vous mène à la Libération et à apporter votre contribution à une Libération globale. Ayez conscience de ce à quoi vous vous attachez et qui vous éloigne de votre divinité. Cultivez cette attitude d'observateur détaché des événements et de tout ce qui vous arrive. C'est ainsi que vous pourrez vous exprimer pleinement pour votre plus grand bien et le plus grand bonheur des autres.

Enfin, et c'est certainement un des points majeurs de ce livre, soyez dans cette intention pure de service à chaque instant. Tant que vous ferez ce que vous faites par intérêt personnel, votre vibration ne sera pas pure. Votre chemin est de donner qui vous êtes et votre unicité au monde. C'est en vous libérant de votre personnage, de votre égo, de toutes les étiquettes, de toutes vos attaches, de vos attentes, de vos possessions, de vos pensées et de vos croyances, que vous pourrez être à votre juste place. Demandez-vous à quel point vous êtes au service de la Vie à chaque instant. Faites-vous ce que vous faites par intérêt personnel ? Pour gagner de l'argent ? Pour vous faire bien voir ? Vous pouvez vous demander ce que vous feriez si vous aviez de l'argent en quantité illimitée, du temps libre à foison, et tous les moyens à votre disposition. Demandez-vous également de quelle manière pourriez-vous servir au mieux l'Humanité. Si vos conditions de vie évoluaient vers le meilleur scénario possible pour vous, qu'est-ce que ça changerait dans vos actions quotidiennes ? Ces questions ont le pouvoir de changer votre vie alors je ne peux que vous inviter à prendre quelques minutes pour y répondre. Ne cherchez donc plus votre profit personnel mais bien la contribution à autrui, tout en restant dans votre Alignement, centré sur votre talent naturel et la vibration de votre âme qui est votre énergie originelle. Tout ceci activera naturellement l'Abondance dans votre vie. Lorsque ce que vous faites est juste et aligné, rien ne peut plus vous empêcher de réaliser les désirs de votre âme. Votre serez en Paix et avancerez avec beaucoup de Joie dans votre vie ! Bien sûr, avancez à votre rythme car il n'y a rien à atteindre. Mais entendez aussi que votre Libération peut se faire maintenant instantanément. C'est une question de décision et d'abandon à soi-même et à la Vie pour le meilleur.

A RETENIR

- La loi du Dharma est tel un guide sur notre chemin de vie afin de retrouver son Essence Divine et la manifester sur le plan physique.

- Faites une priorité de retrouver votre connexion à la source et à l'être divin que vous êtes. Vous êtes un être spirituel venu vivre une expérience terrestre, rappelez-vous toujours de cela.

- Cultivez la connexion à votre âme et retrouvez votre énergie originelle qui est votre empreinte unique vous permettant de contribuer de la meilleure des façons au monde.

- Détachez-vous de toutes vos étiquettes, rôles et croyances qui vous empêchent de vous exprimer librement. Tout ce dont vous avez besoin est présent ici et maintenant en vous.

- Soyez au service de la Vie. Vous n'êtes pas ici pour votre petite personne. Votre personnage peut tout expérimenter mais faites tout votre possible pour qu'il soit toujours en alignement avec votre âme afin que chacune de vos actions soit juste, dans une intention pure et nourrie d'Amour.

LA LOI DE L'AMOUR ET DE TRANSMUTATION

« Le plus grand cadeau qu'un être humain peut faire à autrui est l'Amour Inconditionnel. C'est la seule chose, au final, qui compte vraiment. »

Joy Gardner

La Loi de l'Amour rejoint directement la Loi de l'Unité mais je tiens à vous la présenter à part entière car elle recèle le pouvoir de la transmutation que vous pouvez appliquer en toute situation. Du point de vue de la Source, de l'origine de notre monde, tout est Amour et Perfection à l'état pur. Toutefois, nous devons toujours nous souvenir et ne pas dénier notre réalité physique sur Terre où la dualité est une des composantes primordiales de notre matrice. Ainsi le Bien et le Mal se confrontent en permanence, nous permettant d'expérimenter différents scénarios à chaque instant. Toutefois, tout ce qui est de haute vibration et donc du côté de la lumière a beaucoup plus de force que ce qui est de basse vibration. C'est pourquoi les élites de ce monde ont instauré un contrôle sur tous les plans afin de limiter toutes nos capacités et éviter ainsi notre réveil. Cela leur demande un effort colossal et permanent pour maintenir ce système en place, mais on peut imaginer que l'issue sera forcément favorable. Certaines personnes sont parfois très alarmistes et mettent en avant le scénario catastrophe. En réalité, dans la Profondeur et l'Être et donc dans l'Unité, tout émane de la Source. Il n'y a ni bien ni mal. Ce sont simplement des expressions du Vivant à travers différentes formes qui servent un même but : l'Expression. Ou encore la Création. Ainsi tout va toujours conspirer à notre Pleine Expression. Lorsque nous avons figé l'ombre en nous par nos croyances, pensées, émotions, traumas, alors la vie fera en sorte de nous les mettre en lumière. Comment mettre un trauma en lumière ? En vous faisant revivre cette situation sous différentes formes afin que vous puissiez prendre conscience du miroir, apprendre les éventuelles leçons, vous souvenir de l'Essentiel, lâcher ou transmuter ce qui doit l'être, etc. Tout cela œuvre pour la Source, même ce qui apparaît être le pire du pire. Même lorsque je vous parle de la matrice et de toutes les horreurs qu'elle peut orchestrer, cela sert la Pleine Expression. Il n'y a pas de victoire de la lumière sur l'ombre. La guerre n'existe que si l'égo est aux commandes. Alors l'ombre veut plus de pouvoir et de contrôle et la lumière plus de paix et d'amour. Et le combat est éternel dans cet espace d'illusion. Seul le retour à la Source, dans l'intériorité la plus profonde permet à la Véritable Lumière et au Véritable Amour d'apparaître. L'Amour Véritable Inconditionnel n'a rien à voir avec l'émotion d'amour humaine. Les émotions dans la matrice sont amplifiées et détournées. Lorsque vous croyez vivre l'amour, c'est bien souvent construit sur vos propres faiblesses qui créent alors de la jalousie, la peur de perdre l'autre, des séparations douloureuses, etc. Le Véritable Amour unit véritablement. La Véritable Lumière n'est pas lumineuse, elle est pure Paix.

A présent, une pensée, une intention ou une action empreinte d'Amour est inarrêtable car la vibration d'Amour est la plus haute de l'Univers. Entendez ici une pensée ou une intention pure qui émane du plus profond de Vous. Lorsque votre âme incarnée se met en accord avec cette vibration, alors elle peut jouer sa parfaite symphonie et avoir un impact immense sur le monde. Ainsi, plus vous cultivez ce sentiment d'Amour dans votre vie, plus celui-ci embellit tout ce sur quoi vous focalisez votre attention. Il embellira aussi tout ce qui vous touche de près ou de loin de par votre vibration personnelle. Le sentiment d'Amour est également très proche de la Joie profonde, de la Gratitude ou encore de la Paix intérieure. D'une façon générale, chaque fois que vous vous sentez bien, vos pensées sont empreintes de ces vibrations et tout l'Univers conspire alors à vous apporter davantage de bonheur et de paix. Il entend que vous êtes à votre place pour remplir votre « rôle » et peut vous donner en abondance tout ce dont vous avez besoin pour mener à bien ce que vous désirez en votre cœur.

Il est vain de penser que l'on peut combattre le mal par le mal. Combattre nos peurs, nos doutes, les conflits en réagissant de façon négative, en se sentant mal, en méprisant ses douleurs, tant physiques qu'émotionnelles, revient à les amplifier. C'est pourquoi les grands sages nous invitent à être dans l'Amour et la Compassion lors d'événements tragiques comme des guerres ou des attentats. Ressentir de la peur et de la haine revient à donner de la force à ces choses-là. Mère Thérèsa l'a merveilleusement formulé en disant « *Ne m'appelez pas pour lutter contre la guerre mais appelez-moi pour militer pour la paix.* ». Nous revenons ici dans la notion de choix et de ce à quoi vous décidez de donner votre énergie. Tout ce à quoi vous donnez votre énergie de par vos pensées, actions, consentements et j'en passe, sera nourri et amplifié. En luttant contre la guerre ou ce que vous désirez ne plus voir sur Terre, vous l'amplifiez. La meilleure attitude est d'accueillir ce qui se présente et de nourrir un nouveau mode de fonctionnement par des choix différents et des actions concrètes. Si l'agriculture intensive et l'utilisation de produits chimiques dans les champs vous met hors de vous, vous pouvez réagir avec Amour, Gratitude et Compassion. Premièrement, c'est l'acceptation de ce système en place car il a sa raison d'être s'il existe aujourd'hui. Nous devons d'une certaine façon en faire l'expérience pour nous rendre compte que ce n'est pas ce que nous voulons et que l'on aspire à autre chose. Ensuite, c'est de faire le choix conscient de ne plus nourrir ce système en arrêtant de consommer tous les aliments qui proviennent de ce type d'agriculture. Enfin, vous allez nourrir un autre système. Vous pouvez choisir de créer votre potager, de faire vos courses dans les marchés bio locaux, de cultiver des champs en permaculture à plusieurs, de soutenir des associations qui œuvrent pour des actions de ce genre (et non contre les lobbies) et ainsi de suite. C'est ce que font des personnes comme Pierre Rabhi[25] par exemple qui n'attendent pas que le système change pour fonctionner différemment. En parallèle de toute cette démarche, il est clairement libérateur de pratiquer la Compassion pour

[25] Pierre Rabhi est l'un des pionniers de l'agriculture écologique en France, défendant un mode de société plus respectueux des hommes et de la terre.

tous les êtres impliqués dans ce système en place, aussi bien ceux qui font souffrir que ceux qui en souffrent. Vous pouvez ressentir de la Gratitude également car cette expérience est source d'enseignements pour l'humanité.

COMMENT VIVRE EN ACCORD AVEC LA LOI D'AMOUR ET DE TRANSMUTATION

Plus vous cultiverez l'Amour dans votre vie, plus vous vous sentirez en Paix et plus vous avancerez sereinement sur votre chemin, en accord avec ce que vous êtes venu expérimenter et apporter au monde. Comme j'ai commencé à vous en parler ici, ces hautes vibrations permettent de mettre en œuvre le pouvoir de la transmutation. Je souhaite détailler davantage le pouvoir de la Gratitude et de la Compassion qui est rarement mis en application dans ce contexte-là et qui a pourtant une puissance colossale.

La Gratitude permet de transmuter une énergie de basse fréquence en une énergie de haute fréquence lorsqu'elle est utilisée pour ce qui est en apparence négatif. Il est très facile de remercier pour le toit qu'on a au-dessus de la tête, pour l'eau qui coule du robinet, toutes ces petites facilités qui nous arrivent dans notre vie. Mais j'ai envie de dire « *ça va bien 5 minutes !* ». Bien sûr, cela fait focaliser sur ce que l'on a en développant le sentiment d'Abondance, et si vous pratiquez cela dans votre vie, vous connaissez certainement de jolis résultats en termes de bien-être personnel. Vous êtes alors naturellement en Joie et dans une belle énergie. Vous pouvez pratiquer cette Gratitude de base chaque jour mais ce n'est pas l'objet de cette partie. Vous activez le pouvoir de transmutation lorsque vous utilisez la Gratitude pour des choses qui, en apparence, ne vous donnent pas envie de remercier.

Ces choses vous paraissent souvent horribles, désagréables, peuvent réveiller en vous des émotions très dérangeantes car elles représentent ce que vous n'avez pas envie de vivre. Cela peut être un système en place qui vous donne des boutons de par l'injustice et les déséquilibres qu'il génère, ou simplement une personne qui vous insulte dans la rue et vous avez davantage envie de lui mettre un coup de boule que de la remercier... Cette personne qui vous insulte est juste là pour mettre en lumière ce qu'il y a en vous. A partir de là, vous pouvez simplement bénir cette personne, la remercier d'être là. Ou bien vous pouvez l'accuser. Vous pouvez toujours pointer l'extérieur du doigt et être dans le déni complet que cela arrive parce que vous le permettez. Etre dans le déni, c'est accuser l'autre qui est dans la faute en pensant que vous n'y êtes pour rien, que vous n'avez rien fait pour créer cette situation. Pourtant, l'agresseur ne peut exister sans l'agressé. Nous sommes en cocréation parfaite à chaque instant. A partir du moment où une situation vous touche personnellement, où vous vous sentez mal dans un scénario quel qu'il soit, c'est qu'il y a quelque chose en vous qui demande à être mis en Lumière et Libéré. La Vie vous fait juste le cadeau de révéler vos zones d'ombre. Cette personne qui passe par là et qui vous insulte joue ce rôle de mettre en Lumière ce quelque chose qu'il y a à travailler en vous. Donc c'est absolument parfait ! Vous pouvez être juste dans une attitude bienveillante d'accueil et de gratitude pour le cadeau que vous fait la vie. Voilà ce qu'est le pouvoir de transmutation de la Gratitude.

En réalité, vous pouvez remercier la Vie pour les cadeaux qu'elle vous fait à chaque instant sous toutes les formes. Ce système ou cette personne représente des situations qui viennent mettre en Lumière quelque chose en vous qui doit être purifié ou transmuté. La situation en elle-même est neutre, seule votre réaction compte. Vous pouvez rester de marbre ou ressentir une explosion intérieurement, le réveil d'un loup endormi depuis bien longtemps et qui n'attendait qu'un petit stimulus extérieur pour se réveiller et rugir ! A ce moment-là, vous pouvez avoir de la Gratitude pour cette situation qui vous donne l'opportunité de Libérer ce qui doit l'être. Sans cette situation, le loup serait resté là peut-être encore longtemps, prenant de la place et vous empêchant d'être pleinement qui vous êtes. Une fois que vous remerciez pour cette situation, plusieurs phénomènes extraordinaires se passent. Premièrement, vous n'êtes plus victime de la situation mais êtes conscient que vous avez participé pleinement à la création de tout ceci. Dès que vous vous sentez responsable, vous avez naturellement le pouvoir d'en changer. Vous pouvez alors transmuter les énergies en vous qui demandent à l'être en les accueillant et en les nourrissant d'Amour. Cela vous permet de faire grimper instantanément votre taux vibratoire et de faire ce travail de Libération de façon instantanée.

Vous pouvez pratiquer la Gratitude sur tout ce qui vous cause du tort quand vous avez cette conscience que la vie est là pour vous servir à chaque instant et que tout ce qu'elle vous présente n'est possible que parce que cela entre en résonance avec votre vibration. Le monde extérieur est toujours le reflet de votre monde intérieur.

À une échelle Collective, je peux avoir de la Gratitude pour les systèmes qui existent et qui mettent en lumière tout ce que je ne souhaiterais plus voir exister. Il y a plein de personnes qui sont encore dans l'illusion, qui sont happées par un monde qui va toujours plus vite, qui pensent que la technologie, l'automatisation, la robotisation sont bénéfiques pour chacun. La technologie sans conscience est juste destructrice. Comme l'a justement dit Rabelais[26] : « *Science sans conscience n'est que ruine de l'âme* ». Malheureusement, il y a beaucoup de personnes qui plongent là-dedans et qui sont finalement comme prises au piège dans un système où elles ne pensent plus par elles-mêmes, où elles sont déconnectées de leur âme. Alors toujours plus connectés, bien sûr, on a la montre, la tablette numérique et le téléphone intelligent, mais on ne peut même plus passer 5 minutes sans son smartphone tellement on se sent seul et en manque d'Amour. Tout cela parce qu'on a perdu cette connexion à l'Être et donc à la Source qui nous nourrit sans besoin de quoi que ce soit d'autre.

Aujourd'hui on peut juste avoir la Gratitude pour tout ce qu'il y a autour de nous qui nous cause du tort, que ce soit à une échelle personnelle ou collective. Merci à ces pesticides qui nous empoisonnent. Merci aux personnes véreuses qui dirigent le monde. Merci à la technologie qui nous déconnecte de nous-mêmes. Merci aux médias de nous polluer notre sphère émotionnelle chaque jour. Je dis Merci parce que cela permet de mettre en lumière des choses que je ne souhaite plus voir

[26] Ecrivain français, médecin et humaniste de la pré-Renaissance française

exister, des choses auxquelles je ne veux plus consentir. Dans un premier temps, ces choses-là peuvent montrer un véritable progrès. La technologie est géniale et facilite notre quotidien chaque jour. Les OGM sont géniaux et permettent de meilleurs rendements dans les cultures et nourrir tous les habitants de la planète facilement. Les médias permettent d'avoir accès à l'information facilement, savoir ce qu'il se passe dans le monde. Ensuite, on se rend compte du côté sombre de la pièce. Une fois la partie sombre mise à la Lumière de ma conscience, je peux alors faire mes propres choix en connaissance de cause et toutes ces avancées deviennent alors réellement bénéfiques.

Ce sont nos choix conscients quotidiens et nos actions qui vont pouvoir faire la différence. Plus nous serons nombreux à arrêter de faire nos courses dans les grandes surfaces et plus l'agriculture saine, locale et biologique prendra de la place. Plus nous serons nombreux à nourrir un système différent, en utilisant des monnaies locales, en arrêtant d'élire nos bourreaux, et ainsi de suite, plus nous nous libérerons de nos chaines. Il ne s'agit pas de lutter mais bien de nourrir ce que l'on désire vraiment voir émerger et s'installer dans le monde. L'énergie de lutte ou de frustration amplifiera toujours ce que vous ne désirez pas. Plus vous ressentirez de la Gratitude pour tout ce qui est présent et qui vous permet de prendre des choix plus justes et en alignement avec votre âme, plus notre monde va s'embellir.

L'objectif est alors de se mettre dans cette énergie de transmutation sur tous les plans, d'avoir ce regard ouvert sur ce qui est, et ne plus être dans le déni. Il y a tellement de choses qui nous sont cachées aujourd'hui et que l'on préfère ne pas voir. Voyez tout ce qui est présent dans les films de science-fiction aujourd'hui, on a l'impression que c'est de la science-fiction alors qu'en fait la réalité dépasse la fiction dans beaucoup de domaines. Beaucoup se refusent à le voir parce qu'on se contente de se nourrir des informations qui sont données au JT de 20H, alors que si on s'autorise à aller au-delà des apparences et de l'illusion, on comprend alors qu'il se passe énormément de choses différentes qui ne nous sont pas présentées officiellement. La Connaissance Libère et l'ignorance enferme. Comme toujours, ne croyez jamais ce que l'on peut vous dire ou vous montrer sans faire votre propre expérience et vous connecter avec votre ressenti intérieur. S'ouvrir à d'autres réalités peut parfois être bousculant mais aussi source d'un meilleur alignement. Aujourd'hui l'ignorance est un choix. Si vous êtes ignorant sur ce qui se passe sur terre ou dans votre vie parce que vous fermez les yeux sur des choses qui vous déplaisent, alors c'est votre réalité, et votre responsabilité de changer si vous désirez accéder à d'autres niveaux de réalité et connaître la Libération. Cela ne dépend que de votre décision d'être dans cette conscience que la Vie est là pour vous servir, dans cette conscience d'acceptation et d'Amour de tout ce qui Est, dans cette conscience d'être dans la Gratitude pour transmuter tout ce que vous voulez transmuter.

Je ne vous dis pas tout ceci pour étiqueter en bien et en mal ce qu'il y a autour de nous car tout est parfait à chaque instant et tout est Un. Mais je souhaite profondément que vous trouviez votre alignement et que vous puissiez donner votre énergie à ce qui fait vraiment du sens pour vous. La plupart des gens passent leur vie à lutter et combattre contre le « mal » qu'ils renforcent en fait à chaque instant. Avec tout ce que vous savez à présent, vous pouvez être dans la Lumière et vous Libérer naturellement.

La Gratitude peut prendre différentes formes et j'aimerais ici vous parler de la Gratitude interdimensionnelle. Cette forme de gratitude permet d'aller en profondeur et de pouvoir aimer sur tous les plans. Elle permet d'intégrer les notions de Gratitude verticale et de Gratitude horizontale. On remercie pour ce qui est sur le même plan et sur les autres plans. Voici un exemple concernant la nourriture. Vous pouvez à chaque repas remercier pour la nourriture qui est devant vous. Sur le plan horizontal, ce qui est présent sous vos yeux à ce moment-là, vous pouvez remercier pour les aliments, pour la richesse que la Vie vous offre à travers cette nourriture, pour les odeurs, le goût et le côté appétissant du plat, etc. C'est tout ce qui est accessible à vos différents sens maintenant. Ensuite, vous pouvez intégrer la Gratitude verticale en remontant dans le temps et l'espace. Vous pouvez remercier pour le cuisinier, pour la personne qui a planté les légumes et les a fait pousser, pour les éléments naturels tels que la terre qui a accueilli les graines, l'eau qui leur a permis de grandir, le soleil qui leur a donné l'énergie, le vent qui a permis de nouvelles semailles. Vous pouvez remercier pour les personnes qui ont acheminé les aliments, qui les ont peut-être conditionnés, protégés, gardés à une température de conservation optimale. Vous pouvez remercier les machines qui ont aidé à faire tout ce travail et aussi aux personnes et entreprises qui ont inventé et construit ces machines. Vous pouvez vous amuser assez longuement avec cet exercice. Comme toujours, si vous le faites, faites-le en conscience. Beaucoup de personnes font une prière avant le repas mais l'Essence de cette pratique a été perdue pour beaucoup. On le fait machinalement, sans y penser, ce qui ne sert à rien en réalité. Soyez toujours en conscience de ce que vous faites. Plus vous pratiquerez la Gratitude sur tous les plans, plus vous vous connecterez à ces hautes vibrations d'Amour, de Compassion, de Joie, qui vous donneront toujours plus de Légèreté.

Dans la même logique, je souhaite faire un rapide point sur la notion de Pardon. Pardonner est vital pour aimer et se détacher des liens énergétiques qui nous empoisonnent l'existence. De nombreux bagages karmiques perdurent parce que les gens refusent de pardonner à quelqu'un ou une situation qui les a fait souffrir. C'est pourquoi Pardonner est la pratique par excellence pour apprendre à Aimer dans le véritable sens du terme. Je ne souhaite pas entrer dans les détails ici car plusieurs techniques efficaces existent déjà. Je vous recommande la méthode hawaïenne *Ho'oponopono* qui a fait ses preuves avec les 4 étapes « *Je suis désolé* », « *pardon* », « *merci* », « *je t'aime* », ainsi que le *don du pardon* de Miguel Ruiz. La pratique du Pardon est réellement Libératrice. Son objectif n'est pas de régler une tension avec une autre personne ou une organisation mais bien de faire la Paix en Soi. C'est en pardonnant aux parties de nous-mêmes qui ont été blessées que nous pouvons les baigner de Lumière, d'Amour et Libérer ces blocages afin d'apporter cette Fluidité de l'Être. C'est une voie de Libération et de pacification. Pratiquez le Pardon autant que possible quand vous en avez l'occasion et qu'une situation se présente où vous sentez qu'une partie de vous n'est pas dans l'Amour.

Être dans l'Amour, c'est aussi être dans la Compassion, notion que l'on a déjà abordée plusieurs fois dans ce livre. Chaque fois que vous voyez des personnes qui sont dans la souffrance ou la colère, ou encore tout événement dans le monde qui engrange de la souffrance, vous pouvez vous connecter à la Compassion. Il y a la compassion pour la personne en face de soi et surtout la Compassion pour l'âme. Restez au maximum dans cette ouverture multidimensionnelle. Le plan physique est une chose, il a son importance dans notre expérience de vie terrestre. Mais il y a bien plus et vous pouvez mettre votre attention sur les autres plans également et œuvrer depuis la Profondeur de l'Être à chaque instant. On peut facilement ressentir de la peur, de la tristesse ou de la colère face à tout cela. Souvenons-nous toujours que par cette attitude, nous participons à cette création et qu'on la renforce en étant dans une énergie de basse fréquence comme la peur et la colère. La meilleure des réactions est toujours celle qui vous permet de vous connecter aux plus hautes vibrations possibles. Ressentir de la Compassion pour les personnes touchées est un premier pas qui devrait être suivi par en ressentir pour celles qui créent les situations conflictuelles ou les catastrophes, attentats, etc. Je vous rappelle qu'il est capital de se désidentifier du rôle de sauveur qui va blâmer le persécuteur et consoler la victime. Ces 2 entités ont toujours les mêmes blessures qui s'activent mutuellement par résonnance. En focalisant notre attention sur la

Compassion, on permet la transmutation de toute cette « négativité ». Plus nous serons nombreux à toujours réagir de cette façon face à tout ce qui nous dérange, nous fait peur ou nous horrifie, moins ce type d'événement pourra subvenir de nouveau. L'Amour grandissant dans le monde ne permet plus aux basses fréquences d'exister. La Terre est en pleine ascension tout comme les personnes qui font le choix conscient ou inconscient de suivre cet élan. Toutes les personnes dans le déni, le refus, et qui subissent tout ce qui leur arrivent directement ou indirectement, ne peuvent surfer sur cette vague et sont ballotées dans le rouleau de cette dernière. Chacun sait ce qu'il a à faire maintenant pour sortir la tête de l'eau et pouvoir respirer librement. La Compassion a son rôle primordial en lien avec la Gratitude. Chaque fois que vous vous sentez blessé ou en colère, vous pouvez exprimer de la Compassion à la fois pour les parties de vous qui s'expriment et qui sont en souffrance, mais aussi pour la personne ou la situation qui a révélé cela. Ayez toujours de la Compassion pour toutes les parties, non seulement pour les victimes, mais aussi pour les persécuteurs. Une personne qui agit dans une intention de nuire et qui est nourrie d'Amour est comme désarçonnée. Elle ne peut pas rester dans une basse énergie face à une haute énergie. Soit elle fuit, soit elle jette les armes. Plus nous serons nombreux à cultiver la Compassion et l'Amour dans un sentiment d'Unité (c'est-à-dire sans jugement de valeur), plus le monde s'embellira.

A RETENIR

- L'Amour Véritable n'est pas une émotion, elle émane des plans supérieurs et n'est pas émotionnelle. Elle insuffle la Paix autour de Vous lorsque vous l'incarnez dans la Profondeur.

- Focalisez en permanence sur les vibrations les plus hautes possibles de par vos pensées, émotions et intentions.

- Pratiquez la Gratitude envers tout ce qui vous cause du tort afin de l'accepter, d'en prendre la responsabilité et de pouvoir transmuter les énergies de basse vibration en hautes vibrations.

- Pratiquez la Gratitude de façon interdimensionnelle. Vous pouvez toujours avoir de la Gratitude sur de nombreux plans. Le plat que vous vous apprêtez à savourer est le chef d'œuvre d'une cocréation de nombreux individus et formes d'intelligence. Vous pouvez remercier pour toutes les personnes qui ont œuvré de près ou de loin au travail de la terre, à l'élevage des bêtes, à la cultivation des plantes, au transport, à la préparation du plat, etc. Je vous invite à explorer par vous-même cette voie dans tous les domaines.

- Baignez d'Amour ce qui vous cause du tort. Ne luttez plus contre quoi que ce soit. Ce à quoi l'on résiste persiste. Aimez vos difficultés et vos douleurs, tout ceci les embellira et permettra de transmuter ce qui doit être transmuté naturellement.

- Pratiquez la Compassion envers toutes les personnes et les âmes en souffrance et qui font souffrir, ce qui vous permet de vous connecter à des vibrations élevées lors de situations tristes comme des attentats, des catastrophes naturelles ou simplement des agressions ou des injustices.

- Pratiquez le Pardon. Toute colère ou tout ressentiment que vous gardez envers quelqu'un ou une situation pollue votre propre vibration et empêche votre âme de briller pleinement. Lorsque vous pardonnez, vous le faites pour vous-même et vous permettez aux liens karmiques de se défaire.

LA LOI DE CROISSANCE, DE L'EFFORT, DU TRAVAIL, DE LA PERSEVERANCE ET DE LA TRANSCENDANCE DE SOI

« Le fruit le plus savoureux est toujours celui que l'on récolte de ses efforts »

Adrien Verschaere

Toute pensée, toute intention, tout nouvel objectif ou habitude qui n'est pas suivi par une action concrète dans les 24h perd la quasi-totalité de l'énergie d'impulsion émise en départ. Nous vivons dans un monde physique bien qu'il soit régi par de nombreuses lois invisibles et soutenu par des énergies que l'on ne peut pas forcément percevoir. La loi de Croissance implique que l'effort physique et l'effort de l'esprit sont nécessaires et sont les seuls moyens de se perfectionner. C'est en avançant, en se permettant aussi de faire des « erreurs », que l'on s'autorise à apprendre et à avancer sur notre chemin spirituel. Le repos est aussi une forme d'action évidemment qui requiert l'écoute de son corps et de ses véritables besoins. C'est un grand débat au sein de la communauté spirituelle entre faire et ne pas faire. Beaucoup mettent en avant le fait qu'il n'y a rien à faire. Attention à ce genre de phrases qui peuvent être très mal interprétées. Tout part de l'Être, je pense qu'à ce point de votre lecture vous l'avez saisi. Vous savez également que *nous sommes des êtres spirituels venus vivre une expérience terrestre* afin d'expérimenter différents scénarios de vie et d'œuvrer à la Libération de l'Humanité. Cette expérience physique exige de nous des actions concrètes, dans la matière, qui vont dans le sens de nos pensées, rêves, émotions, paroles, décisions et engagements. En soi, il n'y a rien de spécifique à faire car ce sont avant tout nos vibrations qui vont changer le monde dans lequel nous vivons.

Comme nous l'avons vu, une même action empreinte d'une énergie différente aura des répercussions différentes. Si je suis convaincu de réussir dans mon entreprise ou si j'ai peur chaque matin des mauvaises nouvelles qui pourraient arriver, je ne me donne pas les mêmes chances de concrétiser mes désirs dans la matière. Toute notion de contrôle est donc illusoire. Toutefois, chaque action que vous posez dans la matière va renforcer cette vibration en la mettant en mouvement. L'Univers reçoit ainsi l'ordre clair que vous désirez avancer dans cette direction ou encore être nourri sur ce plan-là. Ayez toujours à l'esprit que tout ceci doit toujours être en accord parfait avec votre âme et c'est là que l'on peut se « faire avoir » dans ce sens où l'égo peut très facilement s'approprier les actions que l'on fait. Ainsi, on se retrouve à œuvrer dans une intention égoïste, à se croire propriétaire de ce que la Vie nous a donné gracieusement (même si on a versé quelques gouttes de sueur sur le chemin), à vouloir être meilleur que les autres, etc. L'action est absolument indispensable dans la dimension dans laquelle nous vivons actuellement mais doit être de nature inspirée. C'est par des efforts constants et répétés dans la plus pure intention et le meilleur alignement que vous avancerez au mieux dans votre existence.

Nous sommes avant tout des êtres d'habitude. Nous le voyons bien, si nous souhaitons changer ou arrêter certaines de nos mauvaises habitudes, elles sont naturellement remplacées par de nouvelles. Le mental s'identifie très rapidement aux actions récurrentes que l'on fait chaque jour. Ainsi, plus nous adoptons des habitudes saines pour le corps et l'esprit, et en accord avec son âme, plus nous vivons dans l'Harmonie sur tous les plans. Cela demande d'être pleinement à l'écoute de son corps et de ses ressentis, de vivre dans la pleine conscience. L'expérience montre que ce n'est pas toujours si facile. Alors on fait des « erreurs », on tombe, on se relève et on continue à avancer. C'est en toute conscience que l'on se doit d'avancer dans notre vie afin de détecter lorsque nos bonnes habitudes commencent à prendre l'eau ou que l'on se laisse aller à dériver de notre voie. Voilà pourquoi nous devons être vigilant et présent à Soi en connexion avec la Source afin de ne pas dériver et se laisser happer par les nombreuses sollicitations de notre société. Nous venons nous Libérer de nos chaines et vivre l'Unité au sein de la dualité. Cela demande d'avancer en conscience, de s'abandonner à la vie et de continuer à avancer quoi qu'il arrive, en ayant toujours cette conscience essentielle que toutes les lois de l'Univers conspirent à nous aider. Les forces de l'Univers sont toujours là pour nous soutenir. On a le droit de faire des erreurs et l'expérience de la dualité existe aussi pour nous en faire faire. Une erreur est simplement une pensée, action ou intention qui n'est pas nourrie d'une intention positive et pure. Dans ce cas, vous savez que la loi du Karma viendra vous donner les enseignements nécessaires afin de vous réaligner.

Si l'Homme n'a pas tout ce dont il a besoin dans sa vie, c'est qu'il emploie au superflu ce qui pourrait être donné au nécessaire. La loi du Travail implique aussi que nos efforts doivent être justes. Nul besoin de donner notre énergie à ce qui en consomme davantage que ça n'en génère. Beaucoup d'êtres humains vivent aujourd'hui à contre-courant de qui ils sont vraiment. Ainsi, ils s'épuisent à la tâche quotidiennement. De nombreux signaux leur sont envoyés pour retrouver le « droit chemin » et plus le temps passera, plus ces signes paraîtront évidents. Il arrive un temps où la dépression, le *burnout* ou la maladie grave peuvent être salvatrices pour l'individu qui est totalement coupé de la vibration de son âme. Une nouvelle fois, nous sommes dans une logique de toujours accueillir le nouveau tout en laissant l'ancien de côté. Tout est cyclique. Tout finit par disparaître en étant transformé en d'autres éléments qui viendront préparer et nourrir le nouveau.

L'Homme vivant dans le manque est aussi celui qui n'est pas prévoyant et agissant parfois de manière stupide. Par exemple, on doit semer nos graines de tomates au printemps si l'on souhaite les cueillir pendant l'été. Si on ne le fait pas, ou au mauvais moment, alors on ne peut jouir de cette Abondance-là. C'est une question de prévoyance et de savoir être patient en arrosant chaque jour la précieuse graine qui donnera une plante, puis des fleurs et des fruits. SI j'emploie le terme « stupide », c'est seulement pour marquer l'égo. Notre âme sait toujours ce qui est juste et ce dont on a besoin. L'égo veut pourtant exercer un contrôle et jouir de petits plaisirs de la vie qui empêche l'âme de s'épanouir et de pleinement jouer son rôle. Si je pèse 120kg sur la balance, que cela me limite dans mes actions quotidiennes, que je désire vraiment retrouver un poids équilibré, et que je continue à me nourrir d'aliments transformés ultra sucrés et gras, alors comment puis-je qualifier ce comportement autrement ? Il y a tout un mécanisme psychologique et émotionnel derrière évidemment, une sorte de stratégie de survie pour le mental. Mais votre âme sait ce qui est juste au fond de vous. C'est pourquoi il est vital de toujours y rester connecté et de prendre ses décisions en conscience.

Ce schéma-là est présent également dans chaque domaine de votre vie. La plupart des gens souhaitent connaître les fruits tout de suite ou bien trop rapidement alors que la graine vient juste d'être plantée. D'autres s'étonnent de ne jamais savourer les fruits alors qu'ils arrosent la graine une fois toutes les deux semaines. Si vous avez l'intention de vous lancer dans une nouvelle activité et que vous y pensez une fois tous les quinze du mois, en faisant une action à la va-vite quand vous y pensez, alors vous ne risquez pas d'en obtenir quoi que ce soit. D'autres encore noient littéralement les graines en mettant tellement d'énergie dessus qu'ils en bloquent le processus naturel de par leurs attentes. Le principe du rythme est à l'œuvre ici. Plus vous porterez votre attention sur un élément spécifique, c'est-à-dire plus vous maintiendrez l'émission d'une fréquence en particulier, et plus vous verrez cet élément grandir, prendre de la force et vous donner les plus beaux fruits qui soient ! Cela passe donc avant tout par votre Être mais aussi par toutes les actions inspirées qui vont aller dans ce sens et qui seront engagées sur une base fréquente. Evidemment, cela vous demande de ne jamais vous attacher aux résultats ou à vos attentes afin de laisser l'Univers œuvrer à son rythme naturellement.

La privation des jouissances inutiles est aussi importante. Rien ne vous empêche de vous distraire par différentes activités lorsque vous en avez le besoin. Mais est-il nécessaire de passer 3h de temps devant la télévision chaque jour ? Ou de continuer dans des habitudes qui vous prennent du temps et que vous savez être néfastes pour votre vie, voire pour votre corps ? Vous savez précisément ce qui vous nourrit et ce qui ne vous nourrit pas. La privation des jouissances inutiles détache l'homme de l'égo et élève son âme en développant également sa rigueur et sa discipline au service de sa mission de vie. La loi de la Moindre-Résistance pourrait entrer en conflit avec ces principes puisque l'on doit résister à la tentation. Mais ce n'est pas le cas car toutes ces lois sont d'ordre spirituel et sont là pour nourrir votre âme et vous garder sur votre véritable voie. Résister à la tentation superflue qui amène aux excès est un véritable cadeau que vous faites à votre âme. L'objectif est de se reconnecter à ce qui est vraiment essentiel pour Soi et aussi de rétablir cet équilibre dans le monde afin de donner à ceux qui n'ont pas assez. Vous connaissez peut-être le *tittytainment* qui a été mis en place par les personnes qui dirigent le monde pour divertir les 80% de la population qu'ils estiment inutiles car 20% de la population mondiale suffirait à faire tourner l'économie du monde entier. C'est un mélange d'aliment physique et psychologique qui endormirait les masses et contrôlerait leurs frustrations et leurs protestations prévisibles. Cela passe principalement par le divertissement à travers la télévision, les jeux vidéo, les réseaux sociaux ou encore la pornographie, qui va combler les vides dans nos vies et nous empêcher d'utiliser ce temps à notre spiritualité. En ayant conscience de ces mouvements, vous pouvez décider de prendre du temps pour vous chaque jour et vous connecter à votre âme. Ainsi, vous serez davantage inspiré et vos actions seront toujours plus en cohérence, en alignement avec qui vous êtes vraiment et ce que vous êtes venu faire sur Terre.

Parlons à présent récompense. La plupart des gens agissent afin d'obtenir des résultats. C'est une illusion en réalité car on ne peut que tendre dans une direction et rarement exiger de la vie ce que nous voulons. C'est possible seulement avec une clarté incroyable et un Alignement parfait. Toutefois, les récompenses ont un pouvoir extraordinaire car elles peuvent engager le mouvement d'accomplissement. Toutes les récompenses nécessitent un travail de départ. Les récompenses durables exigent patience et persévérance. Une récompense devrait toujours être envisagée du point de vue de l'âme et non du mental. La véritable Joie survient en faisant ce que nous sommes supposés faire, et en attendant que la récompense vienne d'elle-même. Rien n'est contrôlé, rien n'est exigé, et l'on avance simplement chaque jour dans une direction qui nous tient à cœur. Ainsi, on donne de Soi, de sa personne, de son énergie, pour contribuer à ce que l'on souhaite vraiment nourrir à chaque instant. L'Univers est alors généreux et nous récompense dans la juste mesure de nos besoins afin que l'on puisse s'épanouir dans la Joie et l'Amour, tout en continuant à contribuer au monde qui nous entoure.

A travers cet ouvrage, je désire ardemment vous montrer que ce n'est pas parce que vous comprenez comment fonctionnent les lois de l'Univers que votre vie va se dérouler à merveille sur tous les plans. Nous sommes ici dans un but de Libération avant tout. Et ceci passe par l'expérimentation dans la matière qui peut nous conduire à des moments difficiles à vivre. Ces moments sont tels des échecs, parfois cuisants. L'échec a de nombreux avantages quand on sait comment y faire face. Premièrement, on sait qu'il n'arrive pas par hasard et qu'il a une raison spécifique. Il est l'occasion de se poser les bonnes questions et de changer de voie, ce qui va donner naissance à un nouveau rythme, une nouvelle dynamique de vie, un nouveau départ. Il est aussi l'occasion de nous tester, mesurer notre volonté et notre détermination. Il va nous permettre de nous remettre en question et de toucher du doigt des réponses ou des vérités indispensables à notre plein épanouissement. Il permet également de comprendre le pouvoir de l'autodiscipline car sans effort constant, rien ne peut vraiment se concrétiser sur le long terme. Comme nous l'avons vu, la seule chose qui ne change jamais dans l'Univers, c'est le changement. Ainsi, les cycles de réussite et d'échec sont permanents. Le tout est de ne pas avoir une vision de l'échec négative comme c'est souvent le cas, mais plutôt comme un nouveau souffle et une étape toujours essentielle pour avancer davantage. La plupart des personnes ayant connu un très grand succès sur le plan matériel ont connu de grandes désillusions. Nombreux sont les témoignages de millionnaires qui ont connu plusieurs fois la faillite et des endettements très importants. Alors, que tirez comme enseignements de ces personnes qui ont osé prendre des « risques » ? Premièrement que le risque est une illusion et que tout résultat est une simple expérience. Ensuite, que la notion d'échec est bien paradoxale car même si la situation est difficile à vivre au moment où elle survient, l'histoire montre souvent qu'elle a été source de grandes prises de conscience et d'accomplissements par la suite. Alors osez aller de l'avant car c'est en imprimant dans la matière ce que vous désirez vraiment voir naître en ce monde que vous vous autorisez à vivre pleinement et à vous Libérer de vos chaines. Le désir d'âme est telle la graine contenant tous les potentiels de vie, l'intention pure peut être représentée par la terre nourricière et l'action inspirée est telle l'eau qui lui permet de grandir chaque jour.

COMMENT VIVRE EN ACCORD AVEC LA LOI DE CROISSANCE

Voici quelques éléments pour synthétiser ce que vous devez vraiment retenir de cette loi qui est quelque peu à part puisque c'est la seule qui se concentre sur la réalité physique. Dans le monde dans lequel nous vivons, imprégner dans la matière notre énergie prend une force colossale. Je peux tout obtenir en vibrant qui Je Suis et rien d'autre n'est exigé. Toutefois, vous serez naturellement poussé à l'action quoiqu'il arrive. En étant connecté à votre âme, la Source pourra s'exprimer pleinement à travers votre corps et accomplir de grandes choses. Ma propre connexion me permet d'écrire ce livre, d'organiser des stages, de vivre des moments d'une richesse infinie en aidant les autres à se Libérer sans que je n'aie à contrôler quoi que ce soit. La Vie me sert sur un plateau ce dont j'ai besoin pour avancer. Je suis guidé à chaque instant comme vous l'êtes si vous vous autorisez à cela.

Nous ne sommes donc absolument pas dans une logique d'effort contrôlé, de labeur difficile, de contraintes, etc. Nous sommes dans une logique d'inspiration. J'aime d'ailleurs dire que j'ai arrêté de travailler depuis que je suis dans cette énergie de cœur et en alignement avec les lois universelles. C'est l'action inspirée de votre âme qui est porteuse de la plus belle énergie car c'est le Soi dans son Essence qui s'exprime. Cette action nourrie de votre énergie originelle est unique et inimitable. Vous n'avez plus besoin de copier quoi que ce soit ou qui que ce soit puisque vous êtes dans votre Essence et elle est unique. C'est de cette façon que je peux parler dans ce livre de choses que je n'ai jamais vues, lues ou entendues ailleurs et qui sont vraies puisqu'elles ne proviennent pas d'une pensée raisonnée. Mon mental vient juste apporter la structure nécessaire pour vous livrer cela sur des supports accessibles. En réalité, ma seule Présence suffit à vous livrer tout ce qu'il y a dans ce livre et dans mes formations mais notre niveau de conscience global ne permet pas de s'échanger des informations aussi facilement pour le moment. Quand je vous dis que ces informations sont vraies, c'est à vous de les valider par votre expérience et votre ressenti. Vous pouvez encore vous attacher à votre personnage, à la dualité, au Karma, au Libre-Arbitre, au déni de la réalité de ce monde, au contrôle, au jugement des personnes qui agissent dans l'intention de nuire, à l'action obligatoire pour connaitre des résultats ou encore à l'humilité chrétienne que nous allons voir dans la loi suivante. Tout est possible pour vous à partir de maintenant.

A présent, il ne vous reste plus qu'à être Présent, Conscient et Lucide sur ce que vous faites chaque jour. Vous avez certainement des habitudes encore néfastes, c'est-à-dire qui ne sont pas en accord avec la pleine expression de votre âme. Observez ce qui est présent dans votre vie maintenant et ce qu'elle serait dans le meilleur des scénarios. Je suis moi-même dans ce tri permanent, à me détacher des habitudes qui ne me nourrissent pas. Cela concerne à la fois l'activité professionnelle qui peut rapidement basculer en mode « Trop de PC » ou « Trop d'attention sur les emails », cela peut être dans les relations que j'entretiens mais aussi sur ce que je mange et à quelle fréquence, ou encore les objets que j'entrepose comme les livres. Une habitude peut être bonne à un instant T et ne plus l'être quelques semaines plus tard. Chaque jour est différent, sachez être à l'écoute et faire les choix les plus justes.

Pour terminer, c'est d'être persévérant dans ce qui vous tient à cœur. On peut être tenté de se laisser dériver et happer par les sollicitations. Soyez très conscient de tout cela afin de rester dans la justesse et que vos efforts nourrissent ce que vous voulez vraiment voir émerger dans votre vie et dans le monde.

A RETENIR

- Soyez conscient que votre présence sur Terre demande votre action sur le plan physique.

- Soyez à l'écoute de votre corps pour savoir lorsque vous êtes dans l'énergie de l'action ou que votre corps a besoin de repos.

- Soyez dans l'action inspirée. Plus vous vous forcerez à agir et à aller contre vos élans naturels, plus vous serez dans ce sentiment de lutte qui ne vous donnera pas les bénéfices que vous espérez. Cultivez cette Légèreté dans l'action en vous laissant inspirer à chaque instant par ce qui vous semble juste.

- Etudiez vos habitudes afin de savoir si elles sont en adéquation avec ce que vous voulez vraiment. On agit souvent mécaniquement, par habitude, sans être conscient que ce que l'on s'apprête à faire n'est pas en accord avec ce dont on a besoin dans l'instant.

- Evitez le superflu. On gaspille énormément d'énergie dans ce qui n'est pas essentiel, ce qui nous empêche de mettre notre attention et notre énergie sur ce qui a vraiment du sens et est important pour nous.

- Soyez patient et persévérant. Rien ne presse et le « tout, tout de suite » est une philosophie qui vous apportera davantage de misère que de jouissance personnelle. Soyez simplement dans l'action juste et la discipline d'avancer chaque jour en direction de ce qui vous tient à cœur en toute conscience.

LA LOI DE L'HUMILITE ET D'ADORATION

« Être humble signifie reconnaître que nous ne sommes pas sur Terre pour voir à quel point on peut devenir important, mais de voir quelle différence on peut faire dans la vie des autres. »

Gordon B. Hinckley

Notre éducation religieuse nous pousse souvent à faire preuve de modestie et à faire passer les autres avant soi. La religion chrétienne met cela en avant en posant l'Homme comme un pêcheur devant un Dieu extérieur à lui-même. Quand on comprend comment fonctionnent les lois spirituelles de l'Univers, on peut entendre que c'est un non-sens. A travers mes recherches, je suis tombé sur cette phrase : « *Pour être grand, il faut d'abord apprendre à être petit... L'humilité est la base de toute grandeur.* ». Voilà le genre de phrases qui peut être un dangereux poison si le mental-égo se l'approprie. Si l'égo entend ce message, il va se développer puissamment sous la forme que l'on appelle *égo spirituel*. Si c'est l'Âme qui l'entend, alors c'est une soumission à Dieu, à la Source, permettant au Vivant de vous traverser totalement. Voilà pourquoi autant de personnes souffrent car elles s'oublient au profit des autres. C'est bien en soi de savoir s'effacer et de se mettre au service des autres mais ceci n'est possible qu'une fois notre nature Divine retrouvée, assurée et affirmée.

La première phase de l'Humilité est donc bien d'avoir le courage ou l'Humilité de reconnaître que nous sommes tous des êtres Divins ayant une grande puissance. Nous sommes capables d'immenses prouesses et avons une importance capitale dans le déroulement du plan Divin. Le Tout est tel l'Océan dont nous sommes les gouttes d'eau qui le constituent. Chaque goutte d'eau possède tous les attributs de l'Océan. Toute la connaissance de l'Océan est contenue dans chaque goutte d'eau. L'univers est fractal, ce qui signifie que chaque chose se répète de façon infinie à différentes échelles. Ainsi, tout ce qui existe est présent dans l'infiniment petit comme dans l'infiniment grand. La moindre parcelle de notre être, chaque cellule de notre corps, contient toute la connaissance et tous les potentiels de l'univers. Tout est là et accessible à chaque instant en nous. C'est pourquoi nous avons tous un potentiel immense et infini.

En accord avec la loi du Dharma, c'est donc toute cette première étape d'affirmation de Soi qui est vitale. Cela passe souvent par un développement fort de l'égo pour ensuite s'en détacher progressivement et laisser place à l'énergie naturelle de notre âme. C'est la révélation de notre puissance personnelle, de notre Toute-Puissance. Il est indispensable d'être conscient de tout ceci avant de se mettre au service de qui ou de quoi que ce soit. Cette étape peut être tout à fait inconsciente et naturelle bien sûr. En fonction de notre éducation, on peut être conscient dès le plus jeune âge de notre importance et de notre nature divine. Mais dans un monde où l'on met l'égo et l'intellect en avant, c'est plus difficile et donc on se doit de retrouver notre Essence avant tout. Certaines personnes donnent énormément toute leur vie et se retrouvent littéralement épuisées, accusant la Vie de les faire souffrir autant. La raison en est qu'elles sont au service sans avoir révélé leur Puissance. La Puissance comme je l'exprime ici est comme ouvrir les portes à l'énergie Divine qui a soif de s'exprimer, de partager, de nous traverser afin d'enrichir le monde à travers notre corps physique.

La seconde partie de cette loi est celle qui nous ramène à la modestie et donc au détachement de l'égo qui se croit souvent au contrôle de toute l'existence de l'individu. Lorsque l'Homme prend conscience de sa faiblesse face à l'infinité de l'Univers, il obtient alors la protection divine. Il ne joue plus à celui qui pense tout savoir et tout contrôler. On apprend dans notre société à planifier, gérer et contrôler. Toutefois, cela nous renvoie à beaucoup de luttes et de difficultés puisque l'on est uniquement centré sur soi, pensant pouvoir tout contrôler dans un monde d'une complexité infinie. La loi de l'Humilité invite chacun à prendre conscience que les forces supérieures qui régissent l'Univers sont présentes à chaque instant, quel que soit le nom qu'on leur donne. Et ces dernières demandent une reconnaissance de notre part, une prise en considération. C'est ce que l'on appelle l'Adoration qui peut prendre la forme de prières par exemple. Toutefois, l'Adoration peut aussi être permanente puisqu'elle prend sa source dans nos intentions.

Lorsque la bougie brûle jusqu'à sa dissolution totale, il ne reste que la flamme. La flamme, c'est Moi, en Essence, l'âme dans sa pleine expression, libérée de toutes les fausses identités imposées par l'égo qui est représenté par la bougie. L'élévation de la pensée vers Dieu rapproche l'âme du divin et renforce cette connexion à tout ce qui est. L'art de la prière réside dans la pureté de l'intention. Dans notre histoire, de nombreux peuples ont sacrifié des hommes ou des animaux afin d'honorer des divinités. Ceci représente simplement une incompréhension totale des lois qui nous régissent. Toutefois, l'Univers est juste et ne « juge » que d'après les intentions de chacun. Certaines personnes ont commis des sacrifices, pensant faire le bien. Ceux-là vivront des expériences pour leur montrer que ce n'était pas la voie à suivre mais ne seront pas « punis » comme ceux dont l'intention était clairement de nuire. Beaucoup de traditions utilisent également les offrandes. Comprenons ici que tout support, tout cadeau, tout don, n'est qu'un moyen de se centrer sur une intention pure. Si le don n'est pas fait dans une intention de cœur, il n'a aucune valeur. Pire, s'il est fait dans l'attente de recevoir un retour, alors l'individu vivra à son tour ce genre de situation où il recevra mais devra donner en échange, parfois d'une façon qu'il ne jugera pas équitable. Tout ceci est seulement dans le but de lui montrer que seul le Don du cœur compte véritablement. Ce Don du cœur est un effacement du petit moi pour révéler son grand Soi en toute Humilité. C'est un détachement de la matière et de l'illusion de la séparation pour se relier au grand Tout et le servir de la meilleure des façons.

Etre humble, c'est donc à la fois être conscient de sa Grandeur mais aussi de sa Petitesse face au grand Tout. Vous devez prendre votre place sans trop en prendre non plus. Votre place est immense mais ne doit pas empiéter sur celle des autres. C'est donc toute une phase d'affirmation personnelle qui est nécessaire, de dévoilement de sa Toute-Puissance, tout autant que la conscience que notre vie doit être dédiée à ce qui nous entoure. C'est ce que j'aime nommer « *Affirmer sa Toute-Puissance en Toute-Humilité* ».

COMMENT VIVRE EN ACCORD AVEC LA LOI DE L'HUMILITE

Vous avez une importance capitale et je répète régulièrement ce message car si vous n'avez pas conscience de votre importance, vous ne pouvez pas vous affirmer pleinement pour qui Vous Êtes. C'est normalement un processus complètement naturel que d'être soi-même et de s'exprimer dans son Essence. Mais nous avons appris la fausse modestie, l'attitude qui nous fait nous effacer et laisser la place aux autres, tout en étant dans un monde de compétition où l'on sait devoir être le meilleur pour avancer. Alors il y a ce grand paradoxe où l'on peut ne plus savoir sur quel pied danser : *m'effacer au profit des autres ou leur passer devant coûte que coûte ?* En réalité, ni l'un ni l'autre. On ne parle que de l'effacement de l'égo. C'est l'égo qui doit se retirer pour laisser l'âme s'exprimer en toute liberté et être à son service (l'égo au service de l'âme). Je vous rappelle que le mental fait un très bon serviteur mais un bien piètre maître. L'âme doit prendre toute sa place. Sur le plan de l'âme, il n'y a pas de prise de pouvoir, chacun est à sa juste place. Certaines âmes vont en prendre davantage que d'autres sur le plan physique et c'est parfait comme cela car chacun joue son rôle de façon juste et équilibrée. Toute personne est donc d'une importance capitale. Vous êtes absolument indispensable à l'équilibre de l'Univers et vous existez pour une raison bien particulière. Alors prenez votre place ! Mais ne la prenez pas en cherchant à la prendre car l'égo peut s'approprier cela facilement. La solution est présente dans ces deux mots magiques que je vous ai rabâché pendant tout cet ouvrage :

intention pure. Lorsque vous êtes centré sur le cœur et que chacune de vos actions est nourrie d'une intention pure, alors vous prenez naturellement votre place, impactez le monde et les personnes qui vous entourent, tout en étant détaché de tout désir égoïste de possession, de sécurisation, de dépassement, et j'en passe. Tout est alors à sa place. Si chacun agissait chaque jour dans la plus pure intention de servir l'Humanité pour le meilleur, cela permettrait au monde entier de s'exprimer puissamment, sans se poser de question superflue, en étant simplement détaché de ce qui pourrait entacher le tableau. Ainsi, l'Harmonie peut être présente en tout.

Votre but à partir de maintenant est de vous détacher de toute attente ou de tout résultat que vous souhaitez atteindre à partir des actions que vous faites. Vous faites ce que vous faites pour vous Libérer et pour aider les autres, non pas pour survivre et vous sécuriser. Ceci n'est que de l'égo et l'attachement de votre personnage à l'illusion. Vous êtes bien plus que ce personnage et immensément plus grand que tout ce à quoi vous vous attachez pour exister. Nous sommes tous liés. Aidez les autres à réussir, à être heureux, à se Libérer et c'est ce que vous vivrez également. Affirmez-vous dans votre Essence et faites profiter le monde et les autres de votre énergie unique et originelle qui a soif de rayonner autour de vous et d'impacter tout ce qui est en votre Présence.

Aujourd'hui, la Terre est entre les mains de forces sombres qui nuisent à l'Humanité pour leur propre petit profit. Ce contexte ne peut exister que parce que les Hommes ne prennent pas leur place, n'osent pas briller pleinement pour qui Ils Sont, et sont attachés à faire grandir leur petite sécurité illusoire. Vous ne faites pas partie de ces personnes. Vous savez ! Vous savez que vous avez un grand rôle à jouer et qu'il se manifeste de par votre Présence, votre Affirmation personnelle et vos actions inspirées en lien avec votre âme et la Source. Votre mission si vous l'acceptez est votre expression pleine et totale sans compromis et surtout sans pression et sans lutte. Vous pouvez trouver mille excuses pour ne pas le faire. Ce seront toujours des excuses auxquelles l'égo s'attachera pour survivre. La voie de l'Humilité véritable est peut-être celle où l'on accepte de mourir à soi-même, car évidemment, seul l'égo s'efface pour laisser la place à l'âme dans toute sa splendeur qui est éternelle.

A RETENIR

- Ayez le courage d'admettre que vous êtes Tout-Puissant. Vous êtes une goutte d'eau de l'Océan et avez tous les attributs de ce dernier. Ne soyez pas dans la fausse modestie de celui qui se met en retrait mais n'honore pas la Vie et le potentiel qui l'habite. Vous êtes grand et vous avez le droit et le devoir de vous Affirmer pleinement et sans compromis, vous permettant de faire et de recevoir tout ce dont vous avez besoin sur tous les plans.

- Sachez mettre votre égo de côté au profit de votre âme et du service que vous rendez à la communauté. Vous n'êtes pas ici pour satisfaire votre petite personne mais bien pour être au Service de la Vie et du dessein de Dieu. C'est donc prendre conscience de votre vulnérabilité face à l'immensité de l'Univers et d'être dans cette attitude de service.

- Soyez dans la pure intention de donner le meilleur de vous-même à chaque instant afin de Servir votre unicité au monde de façon à enrichir sa diversité. Soyez Humble à chaque instant. Soyez Juste. Ne cherchez pas le profit personnel mais utilisez votre Puissance personnelle au profit du plus grand nombre. En d'autres termes, laissez-vous traverser par la magie de la Vie et permettez-lui d'infuser tout ce qui vous entoure. Affirmez votre Toute-Puissance en Toute-Humilité.

- Soyez dans le Don du cœur qui nourrit pleinement les autres et vous-même. Ne vous préoccupez pas de blesser les égos des autres. Si vous êtes toujours centré dans le cœur et dans une belle intention, alors cela ne peut que tous nous aider à nous élever, même s'il faut parfois en baver pour se Libérer de certaines chaînes.

- Ne forcez jamais les choses. Ne pensez pas devoir faire certaines choses. Laissez-vous inspirer et soyez dans l'action spontanément juste à chaque instant.

LA LOI SECRETE

Vous allez rire. J'ai passé des semaines à communiquer sur les 13 lois de l'Univers que je souhaitais partager, notamment à travers une conférence où je les ai toutes présentées. Figurez-vous qu'il y en a toujours eu seulement 12 ! Et personne ne m'a jamais fait la remarque. Alors pourquoi 13 ? Dieu seul le sait... Cette treizième loi existe bien mais est née plus tard, après toutes les autres, lors du premier stage que j'ai organisé sur l'île de Syros. C'est là où mon personnage s'est exclamé « Mais elle est où la treizième ?! ».

Et l'évidence fut. Mon âme me l'a soufflée instantanément comme si elle attendait ce moment depuis toujours. La treizième loi se veut secrète et je ne vous la partagerai pas ici. C'est la raison pour laquelle elle est restée cachée pendant tout ce temps sans que personne ne s'en aperçoive. Parce que j'ai à cœur que vous tiriez le meilleur de tout cela, je vous propose de vous rendre en pèlerinage sur la page internet suivante : https://terrecristalline.fr/loi-secrete/. Ce sera la dernière pièce du puzzle qui unifie le tout et je me réjouis de vous la faire découvrir.

ET SI L'UNIVERS ETAIT EXEMPT DE LOIS ?

Vous êtes probablement surpris en arrivant à la lecture de ce chapitre qui se voudra très court. Je souhaite simplement ici ouvrir un nouvel espace de réflexion pour chacun. Comme je vous le disais en introduction, les lois de l'Univers sont sujettes à interprétation. Dans toutes les traditions, on trouve des lois et des principes différents qui sont censés diriger l'Univers. Mais alors qui pourrait bien avoir raison ? Ce que je vous ai présenté tout au long de cet ouvrage peut à la fois être la Vérité tout comme un ramassis d'élucubrations mentales sans intérêt.

Si j'ai fait ce travail de synthèse issu de mes nombreuses recherches et d'expérimentations, et que je vous l'ai présenté de cette façon, ce n'est pas pour que vous croyiez en l'existence de ces lois car ceci n'a aucune importance. Ce qui compte est l'attitude à adopter dans votre vie pour qu'elle soit la plus enrichissante et la plus épanouissante possible. Tout ce qui compte est que vous vous sentiez bien et que vous puissiez rayonner votre Amour et votre Vibration Originelle tout autour de vous en mettant en place des projets et actions inspirés pour le bien de l'Humanité.

Qu'il existe une loi, sept, treize, cinquante ou aucune n'a pas la moindre importance. Tout est juste ici et maintenant et ce qui nous est demandé est d'expérimenter dans la matière notre Essence qui est l'Essence de Dieu / la Source / l'Univers puisque nous sommes Un. La loi de l'Unité est probablement la seule à retenir de tout cela et c'est pourquoi je vous l'ai présentée en premier. Toutes les autres viennent en renfort pour être en accord avec elle. Tout ce qui nous pousse à ressentir cette Unité avec la Vie, l'Univers, avec la Nature, avec les êtres qui nous entourent, avec tout ce qui vit, est bénéfique.

Toutefois, le bien et le mal restent des illusions soumises à notre propre jugement. Alors même si vous ne ressentez pas cette Unité, ne vous mettez pas la pression inutilement. Ce qui compte maintenant est que vous preniez le temps de cultiver votre Présence, votre bien-être, et de tendre vers ce que vous désirez vraiment en votre âme. Vous avez tous les potentiels en Vous et la Vie vous invite à exprimer qui Vous Êtes et à imprimer dans la matière tout ce qui vous semble juste. Rien ni personne ne vous jugera au-delà du plan physique, et si vous êtes jugé dans ce dernier, c'est parce que vous avez besoin d'en faire l'expérience. Tout est juste, à sa place et parfait dans l'Univers. Toutes les malversations que l'on peut voir et vivre finiront pas prendre fin. Peut-être que l'Humanité ne survivra pas à certains scénarios mais nous semblons aujourd'hui bien partis et admirablement soutenus dans notre démarche de Libération.

Cette Libération est à la fois personnelle et collective. La Libération personnelle passe par le détachement de l'illusion et de tout ce à quoi l'on peut s'identifier. C'est pourquoi je vous demande de ne pas vous attacher à ces lois. On se fout qu'elles existent ou non. On peut penser toute sa vie sans jamais rien accomplir. La mise en pratique est nécessaire aujourd'hui afin de cultiver votre Présence et nourrir le monde de votre vibration. Ainsi, vous deviendrez immortel en conscience, magnifierez votre vie sur tous les plans, et serez un acteur majeur de cette transition exceptionnelle que l'Humanité traverse actuellement. Puissiez-vous vivre pleinement cette expérience et rayonner votre Lumière et votre Unicité pour notre plus grand bien à tous.

A AVOIR EN TETE CHAQUE JOUR

1. Je me reconnecte à mon Essence véritable dans l'Accueil, le silence, l'émerveillement et le Service afin de vivre dans l'Unité.

2. Je focalise mon attention et mon énergie sur ce que je souhaite délibérément créer afin que la Loi de l'Attraction réponde favorablement aux vibrations de mon âme.

3. Je reste toujours dans l'intention la plus pure dans chacune de mes pensées, de mes actions, de mes paroles, sans jamais nuire à qui ou à quoi que ce soit, selon la Loi du Libre-Arbitre.

4. Je comprends que l'Univers n'est là que pour m'aider à chaque instant et que je ne suis jamais puni selon la Loi du Karma. J'accueille donc ce qui se présente sans jugement et choisis de réagir avec Amour en tirant les enseignements adéquats.

5. Je suis vigilant et fais mes choix en conscience de façon à toujours rester dans mon alignement et à donner mon énergie à ce qui me paraît juste, selon la Loi du Consentement.

6. J'accepte de laisser partir l'ancien pour que le nouveau puisse émerger par la Loi des Cycles.

7. Je comprends que tout s'équilibre toujours dans l'Univers selon la Loi de l'Equilibre et de la Compensation, et je me centre pleinement sur le fait de Donner avec le cœur sans m'attacher aux résultats.

8. Je me connecte à l'Amour, à la Compassion et à la Joie en exprimant notamment ma Gratitude afin de me connecter aux vibrations les plus élevées, selon la Loi de l'Amour et de la Transmutation.

9. J'accueille ce qui se présente et me laisse porter par le flux naturel de la vie, à l'écoute de ma voix intérieure, de mon âme, afin de vivre dans la Fluidité et la Légèreté, selon la Loi de la Moindre Résistance.

10. Je suis engagé sur mon chemin spirituel et j'exprime mon énergie originelle afin de servir naturellement et au mieux le monde qui m'entoure par la Loi du Dharma.

11. Je suis persévérant et discipliné, conscient que tout résultat demande des efforts et que tout accomplissement est le fruit d'un travail quotidien et constant, selon la loi de Croissance et du Travail.

12. Je suis connecté à ma Puissance intérieure que je mets consciemment au service de la Vie et des autres en restant vigilant à me détacher des désirs de l'égo, selon la loi de l'Humilité et d'Adoration.

13. J'ai conscience que je n'ai rien à faire, à atteindre ou à prouver, et que tout est déjà là ici et maintenant pour ma Libération.

CONCLUSION

Une rapide conclusion pour remettre en Lumière les points les plus importants de cet ouvrage.

Avant tout, le but principal de l'Homme est de fusionner avec la Conscience de Dieu, l'Intelligence Cosmique, l'Univers. Ainsi, il est connecté à la Source qui peut s'exprimer à travers son âme et son corps physique. Cela demande d'entrer dans la Demeure du Créateur, là où *le deux meurt pour laisser place à l'Unité*.

Tout commence par l'intention pure d'être au Service de la Vie. On se détache alors de l'égo et on se reconnecte à son âme naturellement. Cela demande d'observer le personnage que l'on joue, conscient que l'on peut tout créer sans jamais s'identifier à lui. Nous sommes plus que ce corps, ces pensées, émotions, croyances. Nous sommes plus que ce que nous voyons, entendons, possédons.

Entendez maintenant que tout est déjà présent dans votre vie pour votre Libération. Il n'y a rien à ajouter, seulement à retirer, à se dépouiller, à s'abandonner, à retrouver son Origine. C'est en avançant avec Confiance en l'Univers que vous serez conscient d'être admirablement guidé à chaque instant.

Ne cherchez plus à atteindre quoi que ce soit. Décidez maintenant de vivre vraiment la vie que vous devriez vivre en accord parfait avec votre âme. C'est ainsi que vous retrouverez votre énergie originelle et que vous pourrez impacter le monde en exprimant pleinement votre unicité.

Vous avez une importante capitale dans la Libération de l'Humanité. Je suis profondément heureux d'avoir pu partager tout cela avec vous et je vous souhaite d'en faire profiter toutes les personnes qui vous entourent, que ce soit simplement par votre énergie, ou par des paroles et des actes purs.

Cultivez au maximum l'Amour inconditionnel, le Pardon, la Compassion, l'Altruisme et le Partage. C'est ainsi que votre cœur s'ouvrira toujours davantage et que vous y trouverez le plus beau cadeau que vous puissiez vous faire pour vous et pour les autres.

ALLER PLUS LOIN

Vous avez adoré ce livre et vous souhaitez aller plus loin ? Cela se passe à présent dans la mise en pratique. Tout ce que vous avez lu jusqu'à présent peut ne rester que dans la sphère mentale et ne jamais porter de résultat. Il est probable qu'il y ait eu des prises de conscience mais il vous est à présent demander de cultiver la Présence ainsi que d'intégrer et incarner toute cette Connaissance.

Alors, J'ai ressenti l'Appel de vous guider à travers des initiations qui vous reconnectent à l'Essentiel et à votre nature Divine. Ce sont des reconnexions au Vivant, à la Présence, œuvrant pour l'Eveil Véritable et l'intégration de la Conscience de 5e dimension. Cette Conscience de 5e dimension, aussi appelée Conscience Cristalline et Christique, s'est pleinement ouverte en 2012 suite aux événements de « fin du monde » dont on a tous entendu parler. Dans certains pays, ce Passage fut vécu dans une Grande Joie, car les habitants savaient que c'était le début d'une nouvelle ère. Notre planète et notre monde évoluent et de nouveaux potentiels s'offrent à nous comme jamais auparavant. Il s'agit d'être vigilent à ne pas laisser l'égo se réapproprier cela et à laisser l'Être prendre toute la Place. C'est ce qui vous permettent ces initiations qui sont appelés Portails Initiatiques car ils permettent de véritables passages et sauts quantiques.

Je propose également des sessions Cristal qui sont des accompagnements personnalisés avec la Conscience Cristalline. J'entre en résonnance avec votre Âme et tout ce qui entrave son rayonnement, vous délivre tout ce qui se présente et vous profitez d'un soutien intensif de ma part et des énergies cristallines.

Afin de vous familiariser avec tout cela, j'ai mis en place une formation unique et accessible gratuitement sur https://lecerclecristal.fr/ où je vous présente, d'après mon expérience, tout ce qui mène à l'Eveil Véritable et favorise le processus d'Ascension.

J'ai été ravi de tous ces partages avec Vous et la Vie fera peut-être que nos routes se croiseront sous d'autres formes par la suite. Plein d'Amour vers Vous et à bientôt.

DU MEME AUTEUR

LA VIBRATION ORIGINELLE : EXPRIMEZ VOTRE PLEIN POTENTIEL EN ACCORD PARFAIT AVEC VOTRE AME

Ce livre est un trésor vous permettant d'incarner l'énergie de votre âme dans votre corps physique. Vous y découvrirez comment vous connecter à la Source, libérer votre ombre et les émotions cristallisées et comment permettre à votre âme de s'exprimer inconditionnellement dans votre vie.

7 SECRETS CACHES SUR LA LOI DE L'ATTRACTION

Ou comment appliquer la loi de l'attraction à votre avantage. Vous y découvrirez du contenu qui n'existe nulle part ailleurs et qui vous donne les véritables clés pour créer la magie dans votre vie. C'est mon livre phrase sur la loi d'attraction qui est à aujourd'hui unanimement apprécié.

LA LOI DE L'ATTRACTION : LES REPONSES A TOUTES VOS QUESTIONS

Mes réponses aux questions que l'on m'a posées pendant plus de 3 ans et qui permettent d'approfondir notre compréhension de cette loi. Un éclairage sur de nombreux cas pratiques.

POUR CONTINUER VOTRE CHEMIN AVEC MOI

SITE OFFICIEL : DORIAN VALLET
https://www.dorianvallet.fr/

Vous trouverez en une page tout ce que Je Suis et ce que je propose pour vous guider vers l'Eveil Véritable et l'incarnation de la Conscience Universelle.

LE BLOG TERRE CRISTALLINE
https://terrecristalline.fr/

Des centaines d'articles et de vidéos de grande qualité

LE CERCLE CRISTAL
https://lecerclecristal.fr/

Un espace sacré en ligne afin de vous guider à travers les portails initiatiques et initiations vibratoires.

CHAINE YOUTUBE : TERRE CRISTALLINE
https://www.youtube.com/c/TerreCristalline

Des centaines de vidéos pour vous reconnecter à Vous-même et maintenir une énergie élevée au quotidien.

FACEBOOK
https://www.facebook.com/TerreCristalline/

Des vidéos, articles, citations et partages de contenus qui ont attiré mon attention.

Printed in Poland
by Amazon Fulfillment
Poland Sp. z o.o., Wrocław

57364098R00130